자녀에게 물려주는
신앙 유산

자녀에게 물려주는 신앙 유산

지은이 | 박수웅
초판 발행 | 2015. 1. 19
개정1쇄 발행 | 2023. 4. 27
등록번호 | 제1988-000080호
등록된 곳 | 서울특별시 용산구 서빙고로65길 38
발행처 | 사단법인 두란노서원
영업부 | 2078-3352   FAX | 080-749-3705
출판부 | 2078-3331

책 값은 뒤표지에 있습니다.
ISBN 978-89-531-4491-0   03230

독자의 의견을 기다립니다.
tpress@duranno.com   http://www.duranno.com

ⓒ 이 출판물은 저작권법에 의해 보호를 받는 저작물이므로
무단 전재와 무단 복제, 무단 사용을 할 수 없습니다.

두란노서원은 사도 바울이 3차 전도여행 때 에베소에서 성령 받은 제자들을 따로 세워 하나님의 말씀으로 양육하던 장소입니다. 사도행전 19장 8-20절의 정신에 따라 첫째 목회자를 돕는 사역과 평신도를 훈련시키는 사역, 둘째 세계선교(TIM)와 문서선교(단행본잡지) 사역, 셋째 예수문화 및 경배와 찬양 사역, 그리고 가정·상담 사역 등을 감당하고 있습니다. 1980년 12월 22일에 창립된 두란노서원은 주님 오실 때까지 이 사역들을 계속할 것입니다.

자녀에게 물려주는
신앙 유산

박수웅 지음

두란노

차례

프롤로그 신앙 가문의 계보를 잇자 006

part 1
신앙이 결론되게 하라

- **신앙** 믿음의 계보가 이어지게 하라 014
- **축복** 말씀을 자녀에게 선포하라 021
- **고난** 삶의 어려움에서 배우게 하라 026
- **말씀** 말씀이 삶을 붙들게 하라 034
- **거듭남** 그리스도 안에서 자신을 발견하라 039
- **헌신** 눈물로 씨를 뿌리라 047

part 2
말씀을 가정에 적용하라

- **삶의 목적** 인생의 방향을 잡아 주라 054
- **전적 의존** 하나님께 엎드리는 신앙을 가르치라 059
- **동행** 하나님과 함께 헤쳐 나가게 하라 068
- **기쁨** 예수 믿는 기쁨을 보여 주라 076
- **제자** 그리스도의 제자로 살게 하라 084
- **나눔** 원수도 인정하는 삶을 살라 088
- **거룩** 행복보다 거룩을 따르라 100

part 3
가정의 소통력을 높여라

- **이해** 믿음 가문의 시작, 배우자를 연구하라 106

성찰 갈등 상황에서 부모 자신을 먼저 보라 112
은혜 하나님의 양육 방식대로 하기 124
친밀함 자녀와 특별한 날을 만들라 133
이정표 자녀의 배우자, 중요한 기준은 무엇인가? 138
사랑 자녀가 고난당할 때 무조건 사랑하라 144
공경 '효'의 삶을 물려주라 153
갈등 지혜롭게 싸우고 지혜롭게 풀라 162

part4
성경적 기준으로 양육하라

훈계 자녀의 기질에 맞춰 가르치라 172
관찰 존중하되 세밀하게 살피라 177
비전 공부보다 더 중요한 것을 추구하라 191
유니티 유니포미티가 아닌 유니티를 기준으로 199
지지 자녀의 배우자를 응원하라 205
재정 훈련 쓰임 받으려면 돈 관리를 훈련하라 213

part5
다음 세대를 살리는 명문가로 성장하라

성장 늙을수록 아름다워지라 222
가문의 비전 자녀가 붙잡을 수 있는 뼈대를 세우라 226
신앙 유산 다음 세대를 위하여 울라 230
이끌어 줌 나로부터 시작하는 믿음 명문가 236
영적 유산 대를 이어 흘러가게 하라 243

에필로그 명문 가문의 뿌리를 내리라 254

프롤로그
신앙 가문의 계보를 잇자

기독교 정신으로 세워진 모 대학교의 한 청년과 상담하다가 깜짝 놀란 적이 있다. 대학에 합격한 그리스도인 청년들 중 70~80퍼센트가 입시공부 하는 와중에도 저버리지 않던 신앙을 대학 입학 이후에 저버린다는 것이다. 입학하자마자 시작되는 취업 경쟁과 난잡한 세상 문화 속에서 수많은 젊은이들이 자신의 신앙을 헌신짝 버리듯, 혹은 버린 줄도 모르게 버리는 일이 허다하다는 얘기였다.

보이는 것이 전부라 믿는 이 세상에서 한 사람을 전도하여 보이지 않는 하나님을 믿고 따르도록 하는 일이 그토록 어려운데, 이미 부모님 대부터 혹은 그 자신이 어릴 때부터 듣고 알고 경험했던 하나님을 청년의 때에 떠나 버린다니, 나는 뒤통수를 세게 얻어맞은 듯 정신이 멍했다. 더구나 신앙을 지키고 있다는 20~30퍼센트의 청년들조차 신앙 좋은 배우자를 찾아 믿음의 가정을 세워야 한다는 열망이 거의 없다는 말은 더욱 충격적이었다. 그들조차 동시대 젊은이들과 다를 바 없이 이왕이면 더 예쁘고, 돈 더 잘 벌고, 더 키 크고, 더 잘생긴 사람을 만나 '폼나는 가정'을 이루고 싶어 할 뿐이라는 것이다.

나는 이 시대 믿음의 맥이 끊기고 있다는 사실에 걱정이 되는 한편 많이 부끄러웠다. 평생 '청년 사역자'로서 그들에게 포기하지 말아야 할 믿음과 가정과 비전에 대해 도전을 하고 비전을 심었노라 자부했지만, 과연 내가 성경 말씀을 제대로 전했을까 의심이 되었다. 사역자라고 말하는 내가, 그리스도인들을 가르치는 한국 교회가 성경 말씀 그대로 잘 가르치고 전했다면, 이 땅의 청춘들이 그토록 줄줄이 신앙의 맥을 끊은 채 세상의 메시지에 물들어 살아가게 되었을까?

이 질문을 던지던 그날, 나는 성경을 펴고 하나님께서 예수 그리스도를 우리에게 보내신 목적을 다시 생각해 보았다. 독생자 예수를 우리에게 보내시고 우리로 구원을 얻게 하신 하나님의 목적은 과연 무엇인가? 그것은 결코 나 혼자 예수 그리스도를 믿음으로 구원을 얻어 영원토록 복락을 누리게 하심이 아닐 것이다. 하나님의 생각과 계획은 더 크고 깊어서, 믿음의 1세대를 부르실 때는 각 가정의 선교사로 사용하시어 그 자신이 구원을 얻을 뿐 아니라, 그 가족이, 또 그 자자손손이 믿음의 가문으로 세워지는 분명한 목표가 있으신 것이다.

믿음의 아버지로 부름 받은 아브라함이 그 예다. 우상을 섬기던 아브라함의 가문에서 그를 부르시고 본토 친척 아비 집을 떠나 새로운 인생을 개척하도록 하신 하나님의 의도가 무엇이었겠는가? 아브라함을 믿음의 아버지로 세워서 이삭과 야곱으로 이어지는 믿음의 명문 가문을 세우는 것이었다. 이와 같은 크고 깊은 계획 속에서 하나님은 아브라함에게 복을 주시고 그를 인도하셨다. 그리고 말씀하셨다.

> 내가 그로 그 자식과 권속에게 명하여 여호와의 도를 지켜 의와 공도를 행하게 하려고 그를 택하였나니 _창 18:19

후손에게 더 좋은 것, 가장 좋은 것을 물려주려는 마음은 하나님께서 우리에게 심어 놓으신 본성일 것이다. 그 때문에 세상 사람들도 어떻게든 자녀를 잘 교육해서 명문가를 이루려고 노력한다. 부모 세대가 거둔 성공보다 자녀 세대가 거둔 성공을 더 기뻐하고 축하하며 성공의 맥을 잇는 것을 자랑으로 삼는 게 인지상정이다.

그러나 우리는 세상의 명문 가문이 아니라 신앙의 명문 가문을 이루어야 한다. 자녀들에게 예수 그리스도의 복음을 전해 주는 것이야말로 우리가 물려줄 수 있는 가장 좋은 유산이 아니겠는가? 세상의 명성이나 물질, 권력과 쾌락은 한순간에 안개처럼 사라지는 허무한 것들이지만, 복음은 자녀를 영원토록 살게 하는 생명 그 자체이기 때문이다.

우리는 먼저 복음을 들었고 그 복음 안에서 살고 있다. 우리가 구원 받은 목적은 우리 후손에게 하나님을 소개하고, 후손들이 하나님과 더불어 영원토록 즐거워하며 하나님의 영광을 위해 살도록 함에 있다.

그런 면에서 우리는 '믿음의 가문'을 세우는 일에 전력을 다해야 한다. 어떻게 해야 믿음의 가문을 세울 수 있는지, 어떻게 해야 자녀들이 믿음 안에서 자랄 수 있는지 기도하며 울어야 한다. 다음 세대를 살리는 일에 전심전력하는 것이 우리 세대가 해야 할 마지막 사명인 것이다.

나는 그 마음을 안고 이 책을 쓰게 되었다.

우리 집안은, 예수님을 믿은 후 평생을 가난과 병고 속에서 살다가 신사참배를 거부했다는 이유로 순교를 당하신 할아버지 대부터 믿음의 계보가 시작되었다. 믿음을 지키기 위해 할아버지는 신앙 1세대의 고통을 고스란히 감내하셨다. 또한 할아버지의 신앙을 이어받은 아버지 역시 하나님을 향한 충성심이 타의 추종을 불허했다.

신앙 3세대로 부름 받은 나는 마치 '돌아온 탕자' 비유에 나오는 맏아들처럼, 아버지 곁에서 늘 착한 아들로 살아서 하나님 아버지가 어떤 분인지, 그분의 진짜 은혜가 무엇인지를 잘 모르던 사람이었다. 그래서 한때는 율법으로 꽁꽁 묶여 자유함 없이 고통스러워하기도 했다. 아마도 많은 모태신앙인들이 그때의 나와 같은 모습이 아닐까 싶다. 그러나 하나님은 그런 나를 찾아와 만나 주셨다. 할아버지가 목숨을 잃으면서까지 지키고자 하셨던 그 신앙, 아버지가 그토록 지독한 환난을 당하고도 뚫고 일어서게 한 그 복음이 내 청춘의 시절에 나를 살리고 나를 살아 있게 했다.

은혜를 경험하니 '신앙의 명문 가문을 세우는 것'이야말로 내가 마땅히 꿔야 할 꿈이라는 것을 알게 되었다. 하지만 믿음이 굳게 선 가정을 세워 나간다는 것은 결코 쉬운 일이 아니었다. 고난도 있고, 실패도 있고 많은 시행착오도 있었다. 그런데 나의 그와 같은 실패와 부족함 속에서도 하나님의 은총이 우리 가정에 깃들어 자녀들에게 신앙의 맥이 흐르는 것을 목도한다. 자녀들이 오직 믿음 안에서 세워지고, 손자 손녀들의 심령에 복음의 씨앗이 자라고 있으니 말이다.

나처럼 부족한 사람을 통해서도 믿음의 4대, 5대 가문을 세워 가시는데, 하나님께서 더 많은 그리스도인 가정을 신앙의 명문 가문으로 세워 가시지 않겠는가?

혹 당신이 믿음의 1세대라면, 황무지에서 장미꽃을 피워 낸 내 조부와 아버지의 이야기를 참고하기 바란다. 당신이 모태신앙인이라면 내가 만난 은혜의 하나님을 경험하기 바란다. 당신이 부모가 되어 자녀들에게 신앙교육을 시키고 있다면, 내가 겪은 자녀 교육담을 바탕으로 하나님께서 주시는 성경적 신앙교육을 펼칠 수 있기를 바란다.

당신이 1세대 신앙의 개척자이든, 혹은 2세대, 3세대, 4세대 믿음의 계승자이든, 거룩하고 따뜻한 당신의 가문을 세워 나가는 길목에서 이 책이 좋은 이정표가 되기를 소망한다.

이 한 권의 책이 나올 수 있도록 우리 가문을 돌보신 하나님께 모든 영광을 돌려드린다. 더불어 이 가정이 세워지도록 온몸으로 살고 온 맘으로 기도하며 살아온 사랑하는 아내와 세 자녀인 미경, 형진, 명진과 그들의 가족에게 사랑과 감사의 마음을 전한다.

2015년 1월
박수웅

part 1

신앙이 결론되게 하라

신앙

믿음의 계보가 이어지게 하라

믿음의 명문 가문이란 무엇인가? 세상에서는 부와 명예, 권력이 자자손손 이어지는 가문을 명문이라 이야기하지만 믿음의 명문 가문은 하나님이 이 땅에 가정을 세우신 목적을 대를 이어 이루어 가는 가문을 말한다. 하나의 명문 가문이 세워지면 사회뿐만 아니라 민족과 나라 나아가 열방이 살아난다. 그래서 자녀들에게 말씀의 씨를 뿌리고 물을 주어 믿음의 명문 가문으로 세워 가는 일이야말로 목숨 걸 만하다고 할 수 있다.

명문 가문의 필수조건은 자손들이 대대로 하나님 나라의 백성으로서 견고한 믿음을 갖는 것이다. 자녀들이 하나님을 믿어 구원을 얻을 뿐만 아니라 말씀대로 살고 말씀대로 열매 맺는 인생을 사는 것이다. 비록 세상 사람들이 알아주지 않아도 하나님이 인정하시는 가문이 명문 가문이다.

아무리 사회적으로 성공했다 하더라도 자녀들이 신앙을 전수받지 못하고, 세상의 부와 명예에 취해 산다면 그 가문은 실패했다고 할 수 있다. 하나님이 이 세상에 보내신 사명을 이루고 하나님의 기쁨이 되며, 이 땅에서 빛과 소금으로 사는 것이 진정한 성공일 것이다.

일제 강점기 시절 할아버지에게서 시작된 우리 가문의 신앙은 대를 이어 나의 손자 손녀까지 이어지고 있다. 나는 다른 무엇보다 신앙의 대를 이어 오고 있다는 것이 자랑스럽다. 신앙의 맥을 이어 올 뿐만 아니라 후손으로 갈수록 그 열매가 풍성해진다는 것이 하나님 앞에 우리의 자랑거리다.

우리 가문의 신앙의 시작은 할아버지의 친구 최하락의 전도에서 시작되었다.

"저 친구, 예수 믿고 구원 얻게 해주십시오."

피를 철철 흘리며 쓰러진 친구 최하락을 보며 당시 서른이던 할아버지는 무척이나 당황하셨다. 그날도 할아버지는 끈질기게 전도하는 친구에게 "우리 집은 예수교를 믿기 어려운 집이니 제발 괴롭히지 말라"며 선비답게 거절하신 터였다. 그러나 "한 번만 예배당에 가 보자"며 친구가 끈질기게 따라붙자, 참다못해 홧김에 들고 있던 농기구를 휘두르신다는 게 그만 친구의 머리를 치고 말았다.

'아! 이를 어쩌지? 내가 사람을 치다니….'

피를 흘리며 쓰러진 친구를 보니 할아버지는 겁도 나고 당황스러워서 어찌할 바를 몰랐다. 행여 친구의 입에서 "동네 사람들! 저자가 사람을 쳐서 죽이려 했소!"라고 한다면, 그동안 쌓아올린 명성과 칭송은 어찌할 것인가? 더없이 훌륭한 인격자에서 순식간에 몹쓸 사람으로 추락할 것이 뻔했다. 할아버지는 유명한 한의사로서 조정에 출입하시는 증조부 덕분에 경제적 풍요를 누림은 물론, 유교의 가르침을 받아 자란 선비답게 효심이 지극했고 인격적인 면에서도 칭송을 받던 분이었다.

할아버지가 이 생각을 하며 두려워 떨던 그때, 이마에 흐르는 피를 손으로 막아 내던 친구의 입에서는 뜻밖의 말이 흘러나왔다.

"주여, 저 친구, 제발 예수 믿고 구원 얻게 해주십시오."

한 마디 원망이나 불평도 없이, 그간 한 번도 들어 본 적도, 생각해 본 적도 없던 이 말을 쏟아 놓는 친구의 고백에 할아버지는 일생일대의 충격에 휩싸였다고 한다.

'도대체 예수를 믿는다는 게 뭐길래 죽을지도 모르는 위협 앞에서 자신을 때린 원수를 위해 기도할 수 있단 말인가?'

지극한 효자여서 부모님의 뜻을 거슬러 본 적이 없던 할아버지가 증조부 몰래 교회에 다니기 시작한 것은 그날 받은 충격 때문이었다. '예수'가 도대체 누군지 알아야겠다 싶어 조심스레 교회로 발걸음을 옮기신 것인데, 그 몇 번의 발걸음으로 할아버지의 인생은 완전히 뒤집어지고 말았다. 하나님에 대한 정보를 들은 데서 그치지 않고 그분을 인격적으로 만나고 경험하게 되었던 것이다.

책을 통해 현자의 가르침만 받아도 사람이 변하는 법인데, 하물며 살아 계신 하나님을 경험했으니 할아버지는 달라도 너무나 다른 사람으로 변화되고 말았다.

그중 하나가 상투를 자르는 일이었다. '신체발부 수지부모 불감훼상 효지시야'(身體髮膚 受之父母 不敢毀傷 孝之始也)라 하여 신체는 부모에게 물려받은 것이니 훼손할 수 없다는 유교 사상이 지배하던 그 시절, 할아버지는 용기를 내 상투를 잘랐고, 이에 증조부는 대노하여 소리치셨다.

"조상의 법을 어긴 놈, 불효막심하기 이를 데 없는 놈, 부모를 배반한 놈은 자식이 아니라 원수다. 내 집에서 당장 나가라. 꼴도 보기 싫다. 너는 내 자식이 아니니 유산 분배도 있을 수 없다. 썩 나가거라!"

추상같이 호령하시는 증조부의 기세에 할아버지의 심장이 멎을 듯 떨렸다.

'예수를 버리고 부모님의 용서를 받아 옛날로 돌아가 편히 살 것인가, 아니면 이대로 쫓겨나 처자식들을 초근목피로 연명하게 할 것인가?'

예수 믿는 것이 국법으로 엄격히 금지되던 시대, 더구나 집 밖을 나서면 일제의 찬탈에서 보호받을 길이 없던 시대였다. 그 때문에 할아버지의 머릿속에선 오만 가지 생각이 오고갔다. 그러나 그때, 할아버지의 귓가로 하나님께서 아브라함에게 하신 말씀이 들려왔다.

> 여호와께서 아브람에게 이르시되 너는 너의 고향과 친척과 아버지의 집을 떠나 내가 네게 보여 줄 땅으로 가라 _창 12:1

쌀 한 톨, 동전 한 푼 없이 거리로 쫓겨나면 가족은 며칠 안 가 굶어 죽을지도 몰랐다. '천하에 불효막심한 놈'이라고 동네 사람들이 돌팔매질해도 속수무책으로 당할 수밖에 없었다.

그러나 할아버지는 예수 믿는 것을 그만두지 않을 거면 당장 집을 나가라는 증조부의 엄포에 피눈물을 흘리며 그 길로 집을 나오셨다. 그날 이후 온 가족은 등가죽이 배에 달라붙는 것 같은 배고픔과 한겨울이면 살갗을 에는 듯한 추위 속에 지내야만 했다. 예수를 믿는다는 죄로 쫓겨난 할아버지에 대한 사람들의 싸늘한 시선도 공기처럼 온 가족을 따라다녔다. 무엇보다 할아버지가 가장 견디기 힘드셨던 건 배고파 우는 자식들을 보는 일이었을 것이다. 아직 학교에도 들어가지 않은 어린 자식들이 자신으로 인해 하루아침에 거지처럼 지내는 모습을 날이면 날마다 지켜봐야 하셨을 테니 말이다.

하지만 할아버지는 계속되는 환난과 고통 속에서도 하나님을 향한 당신의 믿음을 저버리지 않으셨고, 그 믿음을 그대로 아버지에게 물려주셨다. 배고픔과 추위와 핍박이 하루도 떠나지 않던 그 어린 날부터 아버지는 할아버지와 다를 바 없이 오직 믿음으로 그 지독한 세월을 살아 내셨다.

> 또 자기 십자가를 지고 나를 따르지 않는 자도 내게 합당하지 아니하니라 자기 목숨을 얻는 자는 잃을 것이요 나를 위하여 자기 목숨을 잃는 자는 얻으리라 _마 10:38-39

지독한 시대에 갖게 된 지독한 믿음. 어쩌면 이것이 본토 친척 아비 집을 떠난 우리 가문을 새롭게 세워 가시기 위한 하나님의 요구였는지도 모른다. 황무지 시대에는 어느 때보다 굵고 진한 땀방울이 필요하듯이, 핍박과 설움과 가난과 억압이 회오리치던 일제 강점기와 전쟁의 시대에는 빗발치는 총알 속에서도 묵묵히 전진하는 탱크 같은 믿음이 꼭 필요했을 테니까.

그 믿음 덕에 할아버지는 일제 말기 신사참배를 거부하다 순교자로 일생을 마치셨고, 아버지 박요셉 장로님 또한 평생을 예수님의 제자로 살아가는 데 그분 자신을 온전히 드리셨다. 두 분은 귀한 믿음의 유산을 우리 가문에 남겨 주셨다.

축복

말씀을 자녀에게 선포하라

할아버지는 미국 선교사이신 마로덕(馬路德, L.O. McCutchen) 목사님과 가까이 지내며 복음 전도자로 사셨다. 마로덕 목사님이 말에 쪽복음을 몇 보따리 싣고 와서 집에 내려놓으면, 할아버지는 그걸 둘러멘 채 산이나 농어촌 등지를 다니며 굶주린 몸으로 복음을 전하러 다니셨다. 한 달에 열흘이든 스무 날이든 할아버지가 쪽복음을 들고 집을 나설 때마다 남은 가족도 형언 못할 굶주림 속에 지내야 하는 건 마찬가지였다. 하지만 그 굶주림 속에서 아버지는 복음이 목숨보다 귀한 것임을 알게 되었노라 하셨다.

그래서인지 아버지는 어린 시절부터 목사가 되는 것을 동경하셨다. 복음을 전하는 일이야말로 세상에서 가장 귀한 일이라는 확신 속에서 목사의 꿈을 꾸게 된 이후, 아버지는 신앙적으로 더욱 정진하게 되셨다고 한다. 교회에서 성경 말씀을 배우더라도 '나는 목사가 될 사람이다'라는 생각 때문에 하나라도 더 배우기 위해 집중하셨고, 목사가 되기 위해서는 학교에 가서 공부해야 한다는 생각에 "학교에 가게 해달라"는 기도를 드리며 하나님께 더욱 매달리곤 하셨다.

그런 아버지를 보며 할아버지는 하나님의 말씀을 들려주시며 축복하고 또 축복하셨다. 특히 교회에 갈 때마다 아버지의 손을 잡고 성경 말씀으로 축복하기를 잊지 않으셨다. 부모에게 효도하고 형제간에 우애하는 자들에게 주시는 약속의 말씀은 할아버지가 가장 자주 들려주시는 축복의 메시지 중 하나였다.

> 요셉은 무성한 가지 곧 샘 곁의 무성한 가지라 그 가지가 담을 넘었도다_ 창 49:22

오늘날 하나님의 말씀으로 자식을 정죄하고 야단치는 부모들의 모습에 비춰 볼 때, 이는 참으로 아름답고 바람직한 모습이라 할 수 있다. 말씀은 그 자체가 축복이고 사랑의 메시지인데, 이 말씀을 축복 그대로, 우리를 향하신 사랑의 메시지 그대로 전하지 못하는 것이 우리의 안타까운 모습 아닌가.

나 역시 첫아이를 키울 때, 말씀으로 자녀들을 축복한다는 게 무엇인지 몰랐다. 자녀를 향한 하나님의 사랑이 구구절절 녹아든 성경 말씀을 나는 마치 사감 선생이 규율을 가르치듯 경직된 모습으로 전할 때가 얼마나 많았는지 모른다. "집에는 몇 시까지 들어와야 돼. 반드시 순결은 지켜야 하니까 남자친구를 사귀는 건 절대 안 될 일이야", "부모가 말하면 네, 라고 대답해야 복을 받지. 너처럼 사납게 대들면 하나님이 기뻐하시겠니?" 등등 율법으로 단죄하기 일쑤였다.

그러다 나는 딸아이가 사춘기를 맞고 나서야 내가 얼마나 율법적으로 약속의 말씀을 전하고 있는지를 깨닫게 되었다. 청년 시절에 이미 거듭남을 경험했지만, 그때 부모로서 거듭남을 경험했고, 비로소 나는 우리에게 말씀을 주신 하나님의 진심 그대로를 자녀들에게 축복으로 전할 수 있었다.

우리 아이들이 하나님의 비전을 보게 된 건 내가 축복의 말씀을 전하면서부터였다. 말씀을 축복으로 전하자 자녀들은 자신이 무얼 바라봐야 하는지, 무엇을 위해 살아야 하는지 꿈을 꾸게 되었다.

큰아들 형진이의 진로를 지도할 때도 나는 하나님의 말씀으로 아들을 축복했다.

"아빠, 아빠는 늘 명문 가문을 세우라고 하시는데, 명문 가문을 세우려면 제가 어떻게 살아야 해요?"

"좋은 질문이다. 명문 가문이 되려면 너 자신부터 잘 세워져야 한단다. 네가 하나님을 경외하며 하나님께 영광 돌리는 삶을 살 때 명문 가문이 이루어지지. 그러려면 너를 향하신 하나님의 부르심을 알고 그 부르심의 뜻대로 살아가야 해. 그 부르심 안에서 하나님의 형상을 닮아 가며 빛과 소금이 될 때 네 가정이 명문 가문이 될 수 있어."

"나를 향하신 부르심의 뜻이요? 그게 뭘까요?"

"그건 하나님께서 네게 주신 기질과 은사와 실력과 인격과 영성을 보면 어느 정도 그림을 그릴 수 있단다. 아빠가 그간 너를 볼 때 너는 사람을 세우는 데 탁월한 능력과 사랑이 있는 것 같더구나. 너는 의사도 되고 싶어 하고 사업가도 되고 싶어 하지만, 네가 가장 잘할 수 있고 네게 가장 합당한 자리는 목회자의 자리가 아닐까 하는데…."

"목회자요? 정말 그렇게 생각하세요?"

"그럼. 아빠는 너로 인해 하나님의 나라가 이 타락한 세상 가운데 확장되리라 믿어. 다니엘서에 보면 '지혜 있는 자는 궁창의 빛과 같이 빛날 것이요 많은 사람을 옳은 데로 돌아오게 한 자는 별과 같이 영원토록 빛나리라'단 12:3 하셨잖아. 그 말씀이 분명 너를 향한 하나님의 축복의 말씀이라 생각한다."

이런 대화를 나누며 축복할 때, 하나님은 아들 형진이에게 '하나님 나라와 의'를 꿈꾸게 하셨다. 그리고 결국, 그것이 아들의 비전이 되어 아들은 목회자의 길을 가게 되었다.

말씀이 자녀들에게 잔소리가 아닌 축복의 메시지로 힘 있게 전달될 때, 자녀들은 말씀을 주신 하나님의 진심에 귀 기울일 수 있다. 그렇게 귀 기울일 때 우리의 자녀들은 하나님을 깊이 만나며 하나님과 동행하는 삶을 살아가게 된다.

고난

삶의 어려움에서 배우게 하라

우리 자녀들이 하나님 앞에서 온전해지길 원한다면, 자녀들을 바람 한 점 없는 온실 속에서 보호하려고만 해서는 안 된다. "주여, 우리 자녀들에게 고난이 없게 하소서"라고 기도하기보다는 "우리 아이들에게 어떤 고난이 와도 믿음으로 살며 이겨 내게 하시고, 어떤 고난 속에서도 하나님의 뜻에 순종함으로 주님의 뜻을 온전히 이루게 하소서"라는 기도를 드릴 수 있어야 한다. 고난이 올 때 피하거나 타협하려 한다면, 그것은 받은 고난으로 불순종한 것이 되기 때문이다.

할아버지와 아버지의 삶을 생각하면 가장 먼저 떠오르는 단어가 '고난'과 '순종'이다. 어떻게 두 분은 그 많은 고난을 믿음으로 감당하시고, 하나님의 뜻에 순종할 수 있었을까?

이 질문을 던질 때마다 나는, "받으신 고난으로 순종함을 배워서 온전하게 되셨은즉 자기에게 순종하는 모든 자에게 영원한 구원의 근원이 되시고"(히 5:8-9)라는 말씀을 묵상하게 된다. 높고 높은 하늘 보좌를 버리시고 낮고 낮은 이 땅에 오신 예수님은 하나님의 아들이면서도 그분이 몸소 겪어야 했던 처절한 고난을 결코 외면하는 법이 없으셨다. 얼마든지 피할 수 있고 거절할 수 있는데도 불구하고, 받으신 고난으로 하나님의 뜻에 순종함을 배워서 그분의 뜻을 온전히 이루셨다.

고난이 우리를 온전하게 하는 필수불가결한 요소라는 걸 주님은 그렇게 알려 주셨다. 사람은 하나님께서 주시는 고난을 통과할 때라야 정금처럼 단련되어 순도 100퍼센트의 온전함으로 쓰임 받을 수 있는 것이다.

믿음의 3대로 부름 받은 나는, 순교자로 당신 자신을 하나님께 바치셨던 할아버지나 처절한 가난과 시대의 질곡을 뚫고 가정을 세우신 아버지에 비해 극한의 고통을 겪었다고 말할 수는 없다. 내 겐 두 분이 뿌려 놓으신 신앙의 씨앗이 자라 열매 맺은 것을 거두어 먹을 수 있는 혜택이 주어진 까닭이다.

나는 학창 시절 원하던 대학을 가지 못해 고통스런 적이 있다. 나는 전주고등학교 재학 시절 공부를 잘했다. 3년 내내 상위권에 속해 있었으며 당연히 명문대에 갈 재목이었다. 우리 학교에서는 매년 100명씩 서울대에 진학했는데, 나는 우등생으로 졸업했다. 그 정도 실력인 내가 전남 의대에 갔다. 그러니 얼마나 괴로웠는지 모른다. 서울에서 공부하는 친구들을 보며 열등감으로 고통스런 날들을 보냈다. 승승장구하며 사람들의 칭찬을 받는 그들에 비해 나는 너무 초라했다. 게다가 형식적인 신앙생활이 더는 견딜 수 없었다. 이러한 고난으로 나는 하나님을 간절히 찾았고, 인격적으로 주님을 영접하게 되었다. 그러면서 나는 완전히 변했다. 소심하고 열등감이 가득한 내가 열정적이고 적극적이고 긍정적으로 변한 것이다.

어떻게 내가 그렇게 변할 수 있었을까? 대학 시절에 은혜를 경험한 이후 CCC에서 받은 훈련의 결과라 생각한다. 소심한 성격에 대인기피증까지 있던 내가 하나님을 만난 이후 CCC 회장이 되고 전국을 다니며 별의별 사람들을 겪다 보니 모든 인간관계와 일들 속에는 하나님의 개입하심이 있고 또 도와주신다는 사실을 풍성하게 경험할 수 있었다. 뿐만 아니라 도서관과 학교만 오가며 밤새 공부해도 졸업하기 어려운 의대를, 나는 교회에서 살다시피 하며 공부해도 우수한 성적으로 졸업할 수 있었다.

만일 내가 서울로 대학을 갔다면 나는 하나님을 만나지 못했을 것이다. 좌절을 경험한 적 없이 엘리트로만 살았기에 교만하여 지금과 같은 멋진 인생을 살지 못했을 것이다. 전남 의대로 간 것이 내게는 큰 축복이었다.

어떤 어려움과 악조건 속에서도 하나님께 도움을 구하고 지혜를 구하면 그분께서 능히 가능케 하신다는 것을 경험하면서, 내 안에선 고난에 대한 두려움보다 고난을 정면으로 돌파하려는 믿음이 생겨났다.

하나님의 훈련 과정에서 겪는 경험은 이토록 중요하다. 특히 고난이 올 때 주님을 의뢰하며 그분의 뜻에 순종하는 경험이 쌓이면 쌓일수록, 그 사람의 내면엔 더 큰 고난에 맞닥뜨릴 수 있는 더 큰 믿음이 생기게 된다. 하나님께서 자녀를 붙드시고 보호하시며 이기게 하신다는 믿음과 신뢰가 쌓이는 것이다. 그러면서 점점 자존감이 높아지고 강한 그리스도인이 되어 간다.

나는 우리 아이들도 그와 같은 경험을 하게 되기를 간절히 기도했다. 믿음의 4대인 우리 아이들은 의사인 아버지 덕분에 부족함

없는 환경에서 자랐기에 그 생각이 더욱 간절했는지도 모른다. 결핍이 없으면 도전이나 비전도 없고, 하나님을 간절히 찾고 구하지 않는 게 우리의 모습이 아니던가.

감사하게도 우리 자녀들은 중고등학교 시절, 해마다 오지로 선교여행을 다니면서 그와 같은 훈련을 조금이나마 받을 수 있었다. 기본적인 의식주조차 제대로 해결되지 않는 오지로 가서 사람들을 섬기며 우리 아이들은 많은 것을 배워 왔다. 어느 해에는 아들이 선교지에서 단 하나밖에 없는 푸세식 화장실에 갔다가 친구들이 밖에서 문을 잠가 버리는 통에 똥통에 빠질까 겁도 났고, 무엇보다 메탄가스에 질식되어 아주 고생했다고 한다. 도시에서 태어나 도시인으로 자란 아이들이지만 선교 훈련을 통해 어디에서도 불평 없이 적응하는 모습을 볼 때 참으로 뿌듯했다.

이러한 경험 덕분에 세 아이는 나중에 자신의 직업과 비전을 찾아 나갈 때도 망설임 없이 도전했다. 미국에서 한국으로, 이 분야에서 저 분야로 옮겨 가며 꿈을 확장해 가는 일에 대해 주저함이나 두려움이 없었다. 일을 하는 목적이 하나님 앞에서 분명하다면, 하나님께서 도우시고 승리케 하신다는 것을 이미 어린 시절부터 차곡차곡 경험했기 때문이리라.

그런 면에서 부모는 때때로 자녀들을 어려운 환경 속으로 밀어

넣을 수 있는 담대함과 믿음, 또 섬세한 보호력이 필요하다. 비바람이 몰아치는 외부 환경으로 자녀들을 나가게 하되, 넘어지면 다시 일어서는 힘이 생기도록 기도해야 하는 것이다. 기도하지 않으면서 강압적으로 고난의 환경 가운데 밀어넣으면 자녀들은 아주 엎드러져 버릴 수 있다. 반대로 넘어지는 것이 두려워 자녀들을 품 안에만 안고 있으면 아이들은 스치는 바람결에도 평생을 쿨럭거리며 살아갈 수 있다.

자녀들의 면역 지수를 높여야 한다. 고통을 겪고 좌절을 맛보게 해야 그것을 통해 면역 지수가 높아진다. 어떤 상황이 오더라도 "내 영혼아 주를 보라" 하며 하나님과 함께 이겨나가게 해야지 문제에서 도망치게 하면 안 된다. 넘어지고 깨져도 괜찮다. 그렇게 훈련시켜 스스로 일어나게 해야 한다. 이렇게 훈련받은 아이들이 성장하면 어떤 어려움도 이겨나갈 수 있다.

많은 부모들이 자녀를 온실 속에서 키워서 요즈음 아이들은 세상으로 나가면 쉽게 쓰러진다. 사소한 일도 스스로 하지 못해 시시콜콜한 것까지 부모를 의지하는 사람들이 얼마나 많은가. 이들은 돈을 의지하거나 부모를 전적으로 의지하다가 의지처가 없어지면 벼랑 끝에 몰린다. 이래서는 다음 세대에 미래가 없다.

어려움을 이겨낼 수 있는 강한 아이로 만들어야 한다. 고난에서 순종을 배우고, 고난에서 세상을 살아갈 힘을 길러야 한다.

콜로라도 계곡에서 서식하는 독수리에게서 우리는 그러한 지혜를 배울 필요가 있다.

콜로라도의 독수리는 새끼들이 지낼 둥지를 만들기 위해 하루에 250킬로미터 이상을 날아가 가지를 물어 오는 것으로 유명하다. 그런데 이 둥지를 만들 때 쓰이는 나뭇가지들 중에는 매우 날카로운 가시들이 섞여 있는데, 어미 독수리는 그것을 감안하여 새끼들이 찔리지 않도록 가지를 잘 포갠 후 나뭇잎과 깃털, 풀들을 켜켜이 쌓아서 부드럽게 만들어 놓는다고 한다. 그러나 놀라운 것은 새끼들이 독립할 때가 되면 본능적으로 그 부드러운 쿠션들을 다 치워 버린다는 것이다. 그러면 여기저기 가시에 찔리던 새끼들이 참다못해 둥지 밖으로 탈출하고, 그런 새끼들을 어미는 벼랑 끝으로 유인한다. 새끼들을 벼랑 아래로 떨어뜨리려는 것이다.

가혹해 보이지 않는가. 이제 막 둥지에서 나온 새끼들을 벼랑 끝으로 몰아넣어 떨어뜨리다니…. 하지만 이 어미새는 막무가내로 떨어뜨리기만 하는 게 아니다. 새끼들을 천 길 낭떠러지 아래로 밀친 후 쏜살같이 수직낙하하여 그 새끼를 다시 물어 올린다. 그렇게 이 훈련을 계속 반복하다 보면 새끼들은 어느덧 공중 낙하에 대한 공포심을 극복하게 되고, 마침내 어느 순간부터 큰 날개를 펴서 비행할 수 있게 된다.

나는 아이들이 어렸을 때 "너희들은 병아리가 아니라 독수리다"라는 말을 종종 했다. 때가 되면 날개를 펴서 전 세계를 날아다닐 하나님의 자녀들임을 주지시키기 위해서였다. 그런데 독수리가 되려면 어떤 새보다도 날개의 근육이 발달하고 민첩해야 한다. 높은 곳에서 먹잇감을 포착했을 때 쏜살같이 내려올 수 있는 담대함과 판단력도 길러야 한다. 그래서 부모인 나는 우리 자녀들이 고난 중에 순종을 배워 믿음의 근육이 길러지기를 기도할 수밖에 없었다.

하나님도 우리를 그렇게 인도하신다. 우리가 감당할 만한 시험을 주시고, 시험당할 즈음에는 피할 길을 내시어 우리로 반드시 그 고난을 감당해 내도록 조절하시며^{고전 10:13} 우리의 날개를 펴게 하신다. 우리를 향하신 아버지 하나님의 사랑은 이토록 섬세하고 크시다.

그러므로 믿음의 가문을 세워 가려면, 먼저 우리 자신이 고난에 맞서는 법을 익혀야 하고, 자녀들에게도 고난 중에 순종함을 배울 수 있도록 지도해야 한다. 고난을 통해 배우고 고난을 통해 주님께 순종하는 것, 그것이야말로 우리 각 가정이 온전하게 세워지는 하나님의 방법이다.

말씀

말씀이 삶을 붙들게 하라

아버지는 나이조차 기억할 수 없을 어린 날부터 부모님 등에 업혀 다니며, 혹은 부모님 손에 이끌려 다니며 성경 말씀을 매일 듣고 자라셨다. 그리고 늘 할아버지에게서 믿음으로 살되 선하고 정직하게 살도록 주의 교양과 훈계로 가르침을 받으셨다.

"우리 요셉이는 남의 집 지푸라기 하나도 몰래 가져오면 안 된다. 아무리 배가 고파도 남의 집 밥을 훔쳐 먹으면 죄가 된다. 어려운 형편에 처하더라도 부모에게 원망하지 말고 하나님께 기도하며 감사함으로 살면 우리 요셉이에게 하나님께서 큰 복을 내려주실 거다. 그것을 믿고 기도하며 살자."

아버지는 배움에 대한 열망으로 가득했고, 목사가 되기 위해 학교에 가고 싶어 했다. 그러나 소작농조차 할 수 없어서 동네에서도 가장 가난한 형편에 학교는 언감생심 꿈도 못 꿀 일이었다. 그 때문에 아버지는 이제나 저제나 학교 갈 날을 꼽으며 하나님께 기도하고 또 기도하셨다.

그러다 마침내 아홉 살 되던 해에 그토록 소원하던 삼기공립보통학교에 기적적으로 입학할 수 있었다. 그러나 아버지가 만난 첫 담임선생은 일본인으로, 입학한 첫날 출석을 부를 때부터 냉기가 교실 안에 쩌렁쩌렁 울릴 정도로 냉정한 사람이었다고 한다. 월말이면 출석을 부르면서 월사금을 냈는지 안 냈는지를 점검했는데, 미납한 학생을 즉시 집으로 쫓아내 수업료를 가져오지 않으면 학교에 오지 말라고 할 정도였다. 게다가 3개월 동안 수업료를 못 낸 학생은 당장 퇴학시켜 버렸고, 학기를 마칠 때까지 수업료를 내지 못한 학생들에겐 성적표조차 주지 않았다. 이래저래 아버지 앞에는 학교에 다닐 수 없는 위기 상황들이 계속해서 펼쳐졌다.

학교에 다니는 동안 아버지를 힘들게 한 또 하나는 굶주림이었다. 어떻게든 배를 채우고 싶은 욕심대로 행동한다면 그것은 사탄의 유혹에 넘어가는 것임을 아버지는 잊지 않으셨다. 아버지는 할아버지에게서 예수 믿는 사람은 남의 집 지푸라기 하나도 훔쳐선 안 된다는 말을 귀에 딱지가 앉도록 들어 온 터였다.

아침에 겨우 죽 한 그릇 먹고 점심마저 거른 뒤 집에 돌아오면 아버지는 그때부터 구럭을 메고 뒷산에 가서 땔감나무를 해왔다. 허기진 배를 이끌고 죽을힘을 다해 땔감을 해 오면 곧바로 물동이를 들고 100미터 거리인 동리 샘에 가서 물을 길러 왔다. 그 뒤에도 부엌에서 불을 때고 설거지를 하면서 어머니를 힘껏 도왔다. 방에 드러누워 쉬고도 싶고, 밖에 나가 놀고도 싶은 마음이 굴뚝같았지만, "네 부모를 공경하라"출 20:12는 말씀대로 부모에게 효도하는 일을 결코 소홀히 할 수 없었다.

아버지의 어린 시절 이야기를 들으면서, 나는 어느 시대든 핍박이나 유혹에 타협하지 않으려면 말씀을 주야로 가르쳐 지키게 하는 게 매우 중요하다고 생각했다.

나 역시 청년 시절, 유혹이 많았다. 의대 친구들이 술과 담배, 여자에 빠져 방탕하게 생활할 때 나는 하나님의 말씀 때문에 끝까지 나 자신을 지켰다. 하나님 말씀이 나를 썩어져 가는 유혹의 구습을 따르지 않게 했고, 하나님 말씀이 나를 오직 마음을 새롭게 함으로

변화를 받아 하나님의 선하시고 기뻐하시고 온전하신 뜻이 무엇인지 분별하도록 이끌었다.롬 12:2

놀라운 것은 그런 모습이 내 자녀들에게도 이어지더라는 점이다. 큰아들 형진이가 고등학교 졸업 파티를 하던 날, 멋진 여자아이와 짝꿍이 되어 파티에 갔다. 일명 '프롬'이라는 이 파티는 저녁 5시부터 새벽 2시까지 진행되며, 남자는 턱시도를 입고 여자는 드레스를 입고 쌍쌍파티 형식으로 열린다. 같이 춤추고 게임도 하다 혹시 아들이 성적인 유혹에 빠질까 우려되었다. 다음날 아들에게 파티가 어땠는지 물었더니, 아들은 유혹을 이겼노라 말했다. 파티를 마치고 여자친구와 바닷가에서 산책을 하는데, 상대방이 노골적으로 키스를 요구해서 여자친구의 머리를 자연스럽게 누르며 "잘 자라"고 인사한 후 서둘러 집에 돌아왔다는 것이다.

"어떻게 여자애의 요구를 거절할 수 있었니? 뺨에 살짝 키스해 주고 오면 되잖아?"

내가 묻자 아들이 이렇게 말했다.

"만약 그때 제가 키스를 하면 제자신을 제어할 수 없을 것 같았어요. 하나님께서 지키라 하신 순결을 지켜야 하지 않겠어요?"

"역시 내 아들이구나."

나는 아들을 포옹하고 격려했다.

그때 나는 알았다. 정욕이 불처럼 솟아나는 청년의 때에 아들 형진이가 세상의 유혹에 흔들려 휘청거리며 살지 않고 하나님의 뜻에 따라 살 수 있었던 힘은 바로 형진이가 어릴 때부터 주야로 들어왔던 성경 말씀에 있음을. 그리고 그와 같은 모습은 이미 할아버지와 아버지의 삶에서 뿌리 깊이 내린 생활의 철칙이었다는 것을. 하나님은 우리 가문에 말씀을 주셔서 온갖 유혹이나 핍박에 흔들리지 않도록 붙잡아 주셨다.

거듭남

그리스도 안에서 자신을 발견하라

나 자신이 하나님을 인격적으로 만나지 않으면 믿음의 명문 가문은 시작조차 할 수 없을 것이다. 그리스도 안에서 새사람이 되는 경험이 그 무엇보다 중요하다. 나는 어릴 때부터 이미 높디높은 기준하에 자녀들을 가르치는 아버지 밑에서 잔뜩 주눅이 들어 살았다. 아버지는 신앙적으로, 사업적으로, 인격적으로 훌륭하게 살며 우리 가문을 믿음의 반열에 세워 놓으신 분이 틀림없지만, 가정에서 아내를 어떻게 사랑해야 하고, 자녀들과는 어떻게 눈높이를 맞춰 신앙을 심어 줘야 하는지에 대해서는 무지하셨다. 그 때문에 아버지는 폭풍 같은 고난 앞에서 당신 자신을 믿음으로 채찍하며 정면승부하셨던 방식 그대로, 아내인 어머니와 자녀들을 대하셨다.

그런데 나에게는 그 무서운 아버지보다 더 무서운 분이 계셨다. 육군 대령 같은 아버지가 한 치의 흔들림도 없이 믿고 따르는 엄청난 존재! 바로 하나님이었다.

당시 나는 어찌된 일인지 주일학교에서 예수님이 우리를 천국으로 인도한다는 은혜의 진리보다 죄를 지으면 지옥에 간다는 교리부터 뼈에 새겨지도록 배웠던 것 같다. 죄 지으면 지옥 간다는 교리가 내용적으로 틀린 것은 아니지만, 등대 빛을 보고 항해하면 길을 잃지 않는다고 말하는 것과, 끝없이 펼쳐진 어두운 밤바다 한복판을 헤매면 끝내 죽게 된다고 말하는 것은 확연히 다른 결과를 초래할 수 있다.

'죄를 지으면 지옥에 가야 한다. 그것도 불구덩이에서 영원토록 죽지도 못한 채 고통에 사무쳐 살아가야 한다.'

이 사실을 떠올릴 때면 나는 두렵다 못해 무서움에 하얗게 질려 버렸다. 허구한 날 아버지에게서 지적당하고 야단맞는 못난 나야말로 틀림없이 지옥에 갈 수밖에 없다고 여겨졌던 것이다.

그래서인지 그때부터 내가 믿어 온 하나님에 대해서도 점점 회의가 들기 시작했다. 하나님이 계신 것 같긴 한데, 그 하나님과 내가 사랑 안에서 하나되는 어떤 경험도 없이 그저 교회 안의 모범생으로 얌전하게만 자란 터라, 하나님도 아버지처럼 내게 완벽한 무언가를 요구하시는 분, 내가 뭘 잘해야만 인정해 주시는 엄격하고도 무서운 분으로만 여기게 되었다. 하나님이 무서워서 교회를 떠날 수는 없는데, 그 무서운 하나님을 예배하는 신앙생활을 억지로 하려니 그것만큼 고역인 게 없었다. 그렇게 나는 죄책감, 열등감, 강박감의 노예가 되어서 사람들을 만나는 것도 기피하게 되었다. 사람들과 눈을 못 마주치고 손발 떨림이 심해진 것도 그즈음이었다.

그러던 어느 날, CCC에서 성경공부를 하던 나는 그 과정의 10단계 내용에서 눈이 번쩍 뜨이는 듯했다. 내용인즉 이랬다.

"많은 크리스천들이 신앙생활이 힘들다고 말합니다. 그런데 신앙생활은 힘든 것이 아닙니다. 신앙생활은 불가능합니다. 그러면 어떻게 신앙생활을 할 수 있을까요? 내가 할 수 있는 것은 없고 주님이 내 안에 들어오셔서 내 주인이 되실 때, 그때 비로소 신앙생활을 할 수 있습니다."

율법적인 신앙생활이 견디기 힘들어 괴로워하던 때에 이 말은 내 눈을 번쩍 뜨게 해주었다. 그리고 얼마 후에 교회에서 부흥회가 열렸다. 나는 진정한 신앙생활을 알고 싶었다. 이제는 하나님을 만나 담판을 짓고 싶었다. 나는 부흥회 때 하나님께 만나 달라고 목 놓아 부르짖었고, 마지막 날 강사 목사님의 말씀을 듣다가 드디어 말씀을 통해 나를 찾아오신 하나님을 만났다.

"하나님은 살아 계십니다. 하나님은 여러분을 사랑하십니다!"

그 말이 내 마음과 영혼을 어루만졌다. 통곡이라고는 해본 적 없이 냉랭하기만 하던 내 가슴이 녹아내린 건 그때였다. 차가운 바윗덩어리처럼 무감각하고 무감정 상태인 나를 하나님께서 안아 주시며 사랑으로 녹이셨다.

그러자 내게 '자유'가 찾아왔다. 예수님의 십자가가 나를 위한 십자가요, 아버지가 그토록 나를 사랑하신다는 사실을 알게 되었다. 따라서 이제 더 이상 완전해지기 위해 스스로 애쓸 필요가 없음도 깨닫게 되었다. 내게 필요한 것은 단 하나, 완전하신 하나님의 놀라운 은혜였다. 세상의 법과 율법의 법은 나를 병들게 했지만, 내 모습 그대로를 수용하시며 안아 주시는 하나님 아버지의 은혜는 나를 깨끗이 치유했고 새사람이 되도록 하셨다. 나는 그날 율법의 나라에서 은혜의 나라로 초대받은 하나님의 자녀가 되었고, 그 은혜는 내게 생명을 주어 나를 살게 해 주었다. 나는 비로소 은혜 안에서 거듭난 그리스도인이 되었다!

하나님을 감격스럽게 만난 그날 이후 내게, 하나님의 사랑에 대해 그리고 내 육신의 아버지에 대해 새로운 이해가 생겼기 때문이었을까. 그날 이후 다리를 덜덜 떨고 말을 더듬으며 다른 사람의 시선을 피하던 습관도 자연스레 사라졌다.

그런 나의 변화를 눈치 채고 제일 의아해한 분은 어머니셨다. 어느 날 내게 어머니는 진지하게 물으셨다.

"너 왜 갑자기 사람이 변해 버렸냐?"

어머니의 질문을 받고 보니 나를 찾아와 주신 하나님의 사랑에 더 감격이 되었다. 내가 진짜 달라졌구나. 이전 것이 사라지고 내가 정말 새로운 피조물이 되었구나….

돌아보니 모든 게 은혜였다. 고등학교 친구들과 동떨어져 광주에서 홀로 대학을 다니게 된 것부터가 그랬다. 모세가 광야 호렙산에서 하나님을 만나 새사람이 되었듯, 나 역시 광주라는 광야학교가 없었다면 하나님을 만나지도 못했고 새사람이 될 수도 없었을 터였다. 광주의 전남대학교야말로 내게 은혜로 허락된 최고로 좋은 학교였다. 하나님의 뜻대로 부르심을 입은 자들에게는 모든 것이 협력하여 선을 이룬다는 로마서 8장 28절 말씀이 가슴에 새겨졌다.

내가 새사람이 되었다는 가장 확실한 증거는 나에 대한 스스로

의 인식 변화였다. 그간 나는 나의 정체성을 부모님 앞에서 찾으며 살았다. 매사에 완벽하고 엄격한 아버지 앞에서 나를 비춰 보면 나는 부족하고 열등하기 짝이 없는 존재였다.

그러나 우주보다 크신 하나님 앞에서 나를 보니 나는 사랑받는 존재, 그 자체였다. 내가 말더듬이였어도, 내가 율법의 많은 조항들을 완벽하게 지키지 못했어도 하나님이 나를 찾아오시는 데 문제될 건 하나도 없었다. 예수님이 나를 하나님 나라로 옮기시기 위해 값을 확실하게 치르시고 십자가 보혈로 나를 덮으시지 않았던가. 예수의 피로 인해 하나님께선 무조건 나를 사랑하셨고 나를 받아 주셨다. 내게 먼저 손 내밀어 나를 구원하셨다.

사랑이란 그런 것이다. 오래 참고 온유하며 성내지 아니하며 바라고 믿고 덮어 주는 것! 하나님은 사랑이라는 이름으로 내게 오셨고, 그 사랑을 받은 나는 이제 더 이상 두려울 게 없었다. 나는 이제 그토록 큰 사랑의 품을 지니신 아버지 하나님의 자녀가 되었기 때문이다.

그날 이후 나는 하나님의 말씀을 읽으며 훌쩍거릴 때가 많았다. 그중에서도 빌립보서 3장 9절 말씀은 당시의 변화된 나의 정체성을 표현해 주고 있어서 더더욱 나를 울렸다. 내가 "그(그리스도) 안에서 발견되려 함이니"라는 사도 바울의 말씀은 예전의 나와 현재의 나를 단적으로 대비시켜 주는 표현이었다. 예전의 내가 영어식으로 'I am found myself in my father'였다면, 변화된 나는 'I am found myself in Jesus Christ'였다. 이제 나는 나의 진정한 정체성을 육신의 아버지가 아니라 예수 그리스도 안에서 찾게 된 것이다.

내 인생의 방향과 목적이 그리스도 안에서(in Jesus Christ) 재정비되었다. 본과 1학년으로 올라가면서 '내가 왜 의사가 되어야 하는지'에 대해 그리스도 안에서 답을 찾아본 것은 그 때문이었다. 그간 육신의 아버지는 가난의 한을 씻기 위해 나만큼은 부자로 살기를 바라셨고, 나 역시 그렇게 사는 게 당연하다고 생각했다. 하지만 하나님을 내 인생의 주인(Master)으로 모시고 보니 내가 의사가 되어야 하는 진짜 이유는 따로 있었다. 나는 그 답을 마태복음 6장 33절에서 찾을 수 있었다.

> 먼저 그의 나라와 그의 의를 구하라 그리하면 이 모든 것을 너희에게 더하시리라 _마 6:33

성경은 나에게 하나님 나라와 의를 구하라 말씀하고 있었다. 하나님 나라와 의를 구하면 인생을 사는 데 필요한 모든 것들이 더해지리라는 약속과 함께….

이 말씀은 내 좌우명이 되었고, 우리 가정의 가훈이 되었다.

당신의 좌우명은 무엇인지 묻고 싶다. 당신의 제1순위는 하나님 나라와 의인가?

나는 아이들을 키우면서 항상 이렇게 말했다.

"우리 인생의 목적은 하나님 나라와 의를 구하는 것이야. 난 너희들이 돈을 많이 벌거나 명예를 얻거나 일류 대학에 가길 원치 않는다. 난 너희들이 하나님을 경외하길 원한다."

부모는 자녀들이 하나님과 인격적으로 만나기를 기도해야 한다. 자녀들이 하나님을 만나지 못한 채 산다면 이것보다 더 심각한 문제는 없다. 자녀들이 전심으로 하나님을 찾기를 간구하라.

헌신

눈물로 씨를 뿌리라

나는 눈물로 씨를 뿌리는 신앙의 1세대들을 격려하고 싶다. 우리 집의 신앙 1세대인 할아버지는 예수를 믿는다는 이유 하나로 말로 표현 못 할 고초를 겪어야 하셨다. 그런 할아버지의 삶에 대해 아버지는 "내 짧은 표현력으로는 아버지의 신앙을 차마 말하기 어렵다"고 하실 정도였다.

  할아버지가 겪은 고난 중 정점은 '신사참배 거부'로 인한 고문과 고통이었다. "신사참배하겠다"고 하기만 하면 그 고통을 멈출 수 있는데도 불구하고, 할아버지는 피를 쏟고 살점이 뜯겨 나가는 고문 속에서 끝까지 신사참배를 거부하셨다. 1937년 당시, 일제의 회유와 고문이 얼마나 극심했던지 전라북도 내에서 신사참배를 반대하는 목사, 장로 등 165명이 투옥되었다가 할아버지 한 분을 제외한 164분이 결국 신사참배에 동의하고 풀려 나올 수 있었다. 아버지는 그때의 고통을 이렇게 말씀하셨다.

"아버지가 일경의 잔인무도한 고문으로 사선을 헤매신다는 소식이 들렸다. 이미 아버지는 순교를 각오하신지라 소생할 길이 없어 옥사를 당하실 것이라고 했다. 돈이 있다면 굶주림에 시달리는 아버지를 위해 사식이라도 넣어 드렸을 텐데, 마지막까지 자식 된 도리를 하지 못했다. 그 무력한 형편에 나는 그저 하나님께 부르짖어 눈물로 기도할 수밖에 없었다."

그 시절, 죽음의 위협 앞에서 할아버지처럼 신사참배를 끝까지 거부하는 이는 정말 드물었던 것 같다. 당시 도내 유지이자 아버지가 근무하던 가구사의 사장님도 신사참배를 반대했다가 이리(현재 익산)경찰서에 투옥되었다. 장로인 그의 부친이 아들의 고통을 차마 볼 수 없어 아들을 설득해 결국 신사참배를 하고 풀려났고, 그는 이후 교회에 발을 끊어 버렸다. 어느 누구도 일제의 고문을 이겨 내고 예수님만 경배하겠노라 말할 수 없는 시절이었다.

그런 상황이다 보니 아버지의 외로움과 참담한 심정은 이루 말할 수 없었을 것이다. 그러던 어느 날 아버지가 다니는 교회의 담임목사님이 찾아와 확신 있는 말로 아버지를 위로하며 자신도 곧 경찰서에 끌려가 순교할 것이라고 말했다.

"신사참배는 제1계명을 어기는 무서운 죄입니다. 우리가 순교를 당할지언정 제1계명을 어기는 죄는 범할 수 없습니다."

그러나 인간이 얼마나 연약한 존재인지 그토록 신사참배가 죄라며 피를 토하는 심정으로 설교하던 목사님마저 경찰서에 끌려가더니, 신사참배를 하고 경찰서를 나와서는 교회에 사직서를 낸 채 행방을 감춰 버리셨다.

이렇게 모든 이들이 일제의 탄압에 백기를 들 때 할아버지는 홀로 모진 고문을 끝까지 견디시다가 죽음을 목전에 두고서야 출옥하실 수 있었다. 할아버지의 코와 입으로 출혈이 계속되자 일본군은 할아버지가 곧 죽을 것이라는 판단하에 출옥을 서두른 것이다.

하지만 출옥 후에도 할아버지의 뒤안길은 너무나 고달프고 가련했다. 식사조차 하기 어려울 만큼 몸이 망가질 대로 망가진 것도 문제였지만, 먹을거리도, 약을 쓸 돈도 전혀 없었기 때문이다. 게다가 집에는 무릎병으로 움직이지 못하는 큰아버지까지 계셨다.

이처럼 처절한 상황에서 아버지는 할아버지의 약값을 대기 위해 어린 나이에 함경북도 나진의 공사장 인부로 가는 대신 돈 30원을 받아 부모님께 드린 후 집을 떠나셨다. 그러고는 하루 4시간 잠자는 것 외에 종일토록 일하셨다. 하지만 아버지는 그때에도 날마다 찬송하고 기도하며 고난을 이겨 내셨다.

"이억만리 타향에 있으면서도 아버지는 변함없이 내 삶의 표본이자 중심이셨다. 내가 열심히 일하는 것도, 모든 수모와 고통과 외로움을 참을 수 있는 것도 모두 아버지 때문이었다. 아버지를 살리고 싶은 마음이 나의 삶을 붙들었다. 아버지는 어린 시절부터 내게 작은 예수님이었는지도 모른다. 아버지의 삶은 그만큼 예수님 중심의 삶이었다. 늘 굶주리면서도 복음을 전하시던 아버지, 그런 중에도 항상 감사와 소망 가운데 사시는 아버지셨다.

그런 아버지가 신사참배를 반대한 것 때문에 고문을 당하고 사경을 헤매고 있으니 자식 된 나의 마음은 무너졌다. 일본군 공사장을 택한 것은 어린 내 생명이라도 불살라 아버지를 살리고 싶다는 소망 때문이었다."

내 아버지 박요셉 장로님은 요셉이라는 그 이름처럼 30원에 낯선 곳으로 팔려 가 죽을 고생을 하셨다. 그러나 요셉처럼 그곳에서 아버지를 돕는 좋은 분들을 만나 장차 사업가로서의 기반을 다질 수 있었다.

그럼에도 불구하고 할아버지는 고문의 후유증을 이기지 못하고 출옥한 지 3년 만에 숨을 거두셨고, 아버지는 이후 우리 가정의 가장으로서 어머니와 형제들을 봉양하며 할아버지를 잇는 믿음의 가문을 세워 가는 일에 최선을 다하셨다.

나는 어린 시절부터 할아버지의 이야기를 들으며 신앙 1세대로 산다는 것이 얼마나 힘든 일인지 생각하곤 했다. 아마 지금도 신앙 1세대로서 말로 할 수 없는 고초 속에서 믿음의 가문을 세워 가는 개척자들이 많을 것이다. 이 고난이 왜 내게 주어져야 했는지, 이 고난의 의미가 무엇인지, 과연 이 고난의 끝에 어떤 열매가 있을지 몰라 답답해하는 신앙 1세대들도 적지 않을 것이다.

하지만 그 옛날 할아버지가 겪으셨던 고난이 우리 가문을 믿음으로 세우는 초석이 되었듯, 하나님은 당신의 삶을 통해 가장 귀한 유산을 당신 가문 가운데 남겨 놓으셨을 거라 확신한다.

조그만 어려움에도 넘어져 영영 일어나지 못하는 요즘 세대에, 폭풍우 속에서도 믿음으로 전진하는 당신 삶의 자취야말로 후손들의 삶에 풍요롭고도 건강한 열매를 가져오게 하는 한 알의 씨앗이 될 것이 분명하다. 울며 씨를 뿌리러 나가는 자는 반드시 기쁨으로 그 단을 가지고 돌아오는 게 하나님 나라의 원리이므로.^{시 126:6}

part 2

말씀을
가정에
적용하라

삶의 목적

인생의 방향을 잡아 주라

자식을 키우는 부모라면 아이들 각각의 특성과 개성이 이리도 다를 수 있을까 싶어 놀랄 때가 많을 것이다. 어떤 자식은 유독 부모의 눈물을 많이 흘리게 하고, 어떤 자식은 유독 웃게 해주는가 하면, 어떤 자식은 특별한 관심과 사랑을 보내 줘야만 건강하게 자란다.

우리 집의 세 아이도 그렇게 각각 선천적으로 다른 특징과 기질을 타고났다. 그렇다 보니 세 아이 모두 접근 방법이 다 달라야 했다. 어떤 아이에게는 보다 섬세하게, 어떤 아이에게는 보다 인내하며 교육했다.

하지만 우리 집 아이들에게 똑같이 적용하며 교육했던 것이 있다. 그것은 바로 '인생의 목적이 무엇인가'이다. 타고난 기질과 특성이 다르기에 장차 해야 할 직업이 다를 것이고, 사는 모습도 다르겠지만, '하나님을 영화롭게 하며 영원토록 그분을 즐거워하는' 데에 인생의 초점을 맞추고 살아야 한다는 점에선 어느 누구도 예외가 없었다. 아이들이 장차 예술가가 되든 회사원이 되든, 직업 여부에 관계없이 인생의 최종 목적이 '하나님의 영광을 나타내는 데' 있음을 알고 거기에 초점을 맞춰 달려갈 때, 그 인생이 가장 복되고 성공적일 수 있기 때문이다.

그런 면에서 다음 세대를 준비하는 부모가 자녀들에게 심어 줘야 할 가장 중요한 요소는 '믿음'이고 '신앙'이라 할 수 있다.

우리 집에서 이 귀한 신앙의 유산을 가장 먼저 물려받은 아이가 큰아들 형진이었다. 형진이의 대학 시절 우리는 심도 깊은 이야기를 나눈 적이 있는데 그때 이 아이가 문득 이런 얘기를 했다.

"아빠, 공부하는 사람에게는 두 종류가 있어요. 하나는 점수를 잘 맞기 위해서 공부하는 사람이 있고, 또 하나는 실력을 향상시키기 위해 공부하는 사람이에요. 점수를 잘 맞기 위해 공부하는 사람은 커닝을 하지요. 그런데 실력을 양성하기 위해 공부하는 사람은 절대로 커닝하지 않아요."

"오, 그래. 네 말이 맞다."

"아빠, 나는 고등학교 1학년 때 예수님을 전심으로 영접한 이후 예수님의 제자로서 정직하고 실력 있는 사람이 되기로 결정했어요. 그래서 그때 이후로는 아무리 성적을 잘 받고 싶은 욕심이 생겨도 한 번도 커닝을 한 적이 없어요. 커닝해서 점수를 잘 받는다 해도 그게 하나님께 영광이 되지 않기 때문이에요."

아들의 말을 듣자 나는 문득, 아무리 배가 고파도 남의 것을 훔치지 않았다는 아버지의 말씀이 떠올랐다. 아버지의 올곧은 성품, 정직한 신앙을 형진이가 그대로 물려받은 것이다. 인생의 목적을 눈앞의 이익이나 성취에 두는 게 아니라 '하나님의 영광'에 두고 있음이 느껴져 무척이나 감사했다.

형진이는 졸업 후 많은 경험을 쌓기 위해 한국으로 나와서 모 기업에 입사했다. 당시 형진이는 다른 청년들과 마찬가지로 공정한 기준을 따라 입사원서를 쓰고 시험과 면접을 치른 뒤 그 회사에 들어간 터였다. 그래서 나는 입사 이후에야 평소 잘 알고 지내던 그 기업의 부사장과 만나 이야기를 나누었는데, 그때 그분이 내게 이런 말을 했다.

"장로님, 아들을 아주 잘 키웠습니다."

"네? 무슨 말씀이신지요?"

"신입사원들이 제출한 자기소개서를 쭉 보던 중 유독 형진이의 자기소개서가 눈에 들어왔어요. '인생의 최종적인 목표가 무엇인가?'라는 회사 측 질문에 형진이가 뭐라고 썼는지 아세요?"

"뭐라고 썼는데요?"

"마태복음 6장 33절이라고 썼더라고요. 하나님 나라와 그의 의를 구하는 것이지요. 제가 그걸 보고 정말 감동을 받았습니다. 이제 막 대학을 졸업한 청년이 어떻게 인생의 최종 목적에 대해 이렇게 말할 수 있나 놀랐습니다."

부사장님의 그 말씀에, 나 역시 마음 깊이 밀려오는 감사와 감동에 젖어들었다. 아들이 어떻게든 대기업에 들어가기 위해 멋지고 화려한 답을 쓰려 하기보다는 하나님 나라를 구했다는 것, 그리고 마태복음 6장 33절 말씀을 인생의 목적으로 삼고 달려가고 있다는 사실이 확인되었기 때문이다.

인생이라는 마라톤에서 우리가 달려가야 할 최종 지점을 분명히 알고 그곳을 향해 달리는 것만큼 중요한 일은 없다. 만약 목표 설정이 잘못되어 버리면 그것은 헛달음질친 허무한 인생이 되고 말 테니 말이다. 그런 면에서 우리는 우리 가문이 무엇을 위해 존재하는지, 어디를 바라보며 가고 있는지를 반드시 하나님 앞에 점검하며 정비해야 한다. 가문을 세우는 제1의 법칙이 '믿음'이어야 하는 것은 바로 그 때문이다.

전적 의존

하나님께 엎드리는 신앙을 가르치라

"수웅아, 어여 서둘러 미국으로 가거라."
때는 1972년. 나를 바라보는 아버지의 눈빛이 불안하게 흔들리셨다. 번성하던 아버지의 사업이 초유의 부도 사태를 맞자 아버지는 혹여 내 앞길을 방해할까 노심초사하며 서둘러 미국으로 가라고 재촉하셨다.

당시는 아버지의 기업뿐 아니라 수많은 기업들이 대대적인 부도 사태를 맞을 때였다. 경제 악순환의 여파로 하나가 무너지면 10여 개 기업이 줄줄이 무너졌기 때문이다. 결코 무너지지 않을 것 같던 아버지의 견고한 사업장에도 이 같은 파탄의 먹구름이 짙게 몰려오고 있었다.

전주주유소의 성업으로 아버지는 꽤 오랫동안 전주의 유지로 사셨다. 1962년 당시 등록금이 7000~8000원일 때 한 달에 7만원 이상을 버셨으니 요즘 시세로는 한 달에 1억 정도 번 것이다. 그때만 해도 많은 기업들이 현금 결제가 아닌, 거의 외상으로 거래를 하곤 했다. 그렇다 보니 사업이 잘되면 잘될수록 아버지의 사업장은 자금 부족 현상에 시달려야 했다. 전라북도 내 대기업과 거의 모든 도내 관청이 아버지 사업장의 주 고객이었음에도, 사업은 점점 한도를 넘어서 파탄 국면에 접어들고 있었다. 그런 와중에 부도가 난 기업체들이 어느 날 갑자기 행방을 감추는 일이 잦아지자 아버지는 매일 돌아오는 수표를 해결할 도리가 없었다. 당시 아버지가 각 거래처에서 받아야 할 액수가 가령 천만 원이라면 아버지 사업장에서 은행으로 지출해야 하는 액수는 그 10분의 1인 백만 원밖에 안 되었다. 그런데도 그 10분의 1을 막지 못해 부도가 날 판국이었다.

당시 나는 의대 졸업 후 아내와 결혼하여 세브란스 병원에서 인턴 과정을 마치고 레지던트 과정을 남겨 둔 상태였다. 군대도 다녀

왔다. 본과 4학년 가을에 치른 '미국 의사 자격증 시험'에도 이미 합격한 터라 미국에서 레지던트 과정을 밟을 생각으로 출국을 준비하고 있었다.

시절이 어수선했다. 주변에선 아버지에게 부도를 낸 뒤 도망치라고 권유했다. 일단 부도를 내면 어떻게든 재생의 길을 열어 주는 미국과 달리, 감옥부터 데려가는 한국의 실정을 볼 때 그것밖에는 방법이 없다는 논리였다. 그러나 아버지는 '빚은 반드시 갚아야 한다'는 원칙을 따라 갖고 계시던 모든 땅과 건물을 팔아 빚을 갚아 나가셨다. 그러나 그것으로도 빚이 해결되지 않자, 아버지는 감옥신세를 질 각오를 하시면서도 그 일로 내 앞길을 망칠까 염려하셨다.

우리 가족이 가정 예배를 드리기 위해 모여 앉았다. 나는 가정 예배를 인도하면서 이렇게 말했다.

"아버지, 제가 봐도 앞길이 보이지 않습니다. 그러나 예수님이 '내가 곧 길이요 진리요 생명이니 나로 말미암지 않고는 아버지께로 올 자가 없느니라'요 14:6고 하시지 않았습니까? 예수님이 길이십니다. 우리 눈엔 길이 안 보이지만 예수님께 길이 있습니다. 염려 마시고 예수님 의지하시고 끝까지 견디십시오."

인생 최대의 위기를 맞던 아버지는 가족 모르게 눈물로 쓰린 가슴을 쓸어내리며 날마다 밤을 지새우셨다. 사채업자와 은행 등을 찾아다니며 어떻게든 이 문제를 해결하려 백방으로 뛰어다니셨으니 심신이 약해질 대로 약해지셨다. 그러나 아버지는 역시 아버지였다. 가족을 건사하고 믿음의 일가를 이루기 위해 지금껏 열심히 달려온 모든 노력이 하루아침에 수포로 돌아갈 수도 있다는 생각에 아버지는 짊어진 모든 짐을 하나님 앞에 내려놓고 오직 그분 앞에서만 울부짖기 시작하셨다.

"하나님, 저를 도와주옵소서."

아버지는 왜 그토록 번창하던 사업체가 갑자기 썩은 동아줄같이 툭 끊어지려는지 원인을 알 수 없어 기도 중에 하나님께 물으셨다. 그러자 불현듯 지난날의 당신 모습을 돌이켜 보게 되었는데, 아버지의 눈앞으로 씻을 수 없는 죄악된 모습들이 펼쳐졌다.

"주여, 저는 죄인입니다."

인간이 아무리 노력한다 한들 깨끗하게 살아왔다고 하나님 앞에 감히 고백할 수 없는 죄인임을 그때 철저하게 깨달은 아버지는 당신의 죄인됨을 고백하며 눈물로 회개의 기도를 드렸다.

"주여, 제가 어찌 이 모습으로 하나님 앞에 설 수 있사오리까? 감히 하나님 앞에 설 수 있도록 저의 죄를 예수님의 보혈로 깨끗이 씻어 주시고 앞으로 주의 영광을 위해 살아가도록 저의 앞길을 새롭게 인도하여 주옵소서."

울며 통회하며 그렇게 기도드린 뒤 아버지는 새벽녘에야 설핏 잠이 드셨는데, 비몽사몽간에 이상한 꿈을 꾸셨다. 박정희 대통령이 두 사람을 데리고 아버지와 어머니가 잠을 자는 방으로 아무 말 없이 들어와서는 두 분을 윗목으로 밀어 놓고 두 분이 누우셨던 자리에 그대로 두 사람과 함께 눕는 꿈이었다.

그 순간 아버지는 깜짝 놀라 잠에서 깬 뒤, 그 자리에서 무릎을 꿇고 하나님께 기도드렸다.

"하나님, 이 꿈이 무슨 뜻인지 알 길이 없는데, 혹 제가 하나님의 영광을 가리는 건 아닌지 두렵고 떨리옵니다. 나의 죄를 깨끗이 사하시고 하나님의 영광을 위해 살도록 앞길을 밝히 인도하여 주옵소서."

기도를 마치니 아버지의 마음에 왠지 모를 평안이 밀려왔다. 하나님이 도우시리라는 믿음이 솟구쳤다. 그래서 아버지는 서울에서 대학을 다니다 방학 중 집으로 내려온 내 여동생을 불러 은전 300원을 주며 백 원권 국채 세 매를 사오라고 하셨다. 그리고는 3일간 아버지가 꾼 꿈에 대해 일절 입 밖에 내지 않은 채 하나님의 뜻을 기다렸다. 대통령은 국가 대표자이므로 국정으로 인해 아버지에게 무슨 일인가 생기지 않을까 기대했고, 또 세 명이 아버지 방에 들어왔던 것은 3일이나 3개월, 혹 3년 후에 무슨 일인가가 일어나리라고 생각하셨던 것이다. 요셉이라는 아버지의 이름대로 하나님은 아버지의 어린 시절부터 중요한 순간에 꿈으로 계시해 주곤 하셨고, 아버지는 그 꿈대로 성패를 체험했던 터라 이번에도 아버지가 꾼 꿈에 대해 그렇게 해석하셨던 것 같다.

그러나 이 꿈의 의미를 해석하기 어려웠다. 또한 아버지의 형편은 3개월 이내에 어떤 도움을 받지 못하면 그대로 부도를 낼 수밖에 없는 최악의 상태였다. 아버지는 그때의 심정을 이렇게 토로하셨다.

"그 고통을 당해 보지 않은 사람이 어찌 알까? 나는 극도의 가난도 경험해 봤고, 하나님의 실재를 경험한 그리스도인이지만, 부도의 위기 앞에 놓이자 죽고 싶었다. 마치 거대하게 떠밀려오는 해일을 넋 놓고 바라보는 심정이었다. 그만큼 많이 지쳐 있었다. 내가 할 수 있는 것은 오직 하나님의 뜻을 기다리는 일뿐. 3일이든 3개월이든 나는 마치 파선 직전의 배가 구조선이 나타나기만을 간절히 기다리는 사람 같았다."

아버지는 이렇게 애타는 심정으로 3일을 기다리셨다. 그러나 그토록 가슴 졸이게 기다렸음에도 3일 후에 아무 일도 일어나지 않았다. 마음이 더 심란해진 아버지는 이러지도 저러지도 못하셨다. 비몽사몽간에 꿨던 그 꿈만 아니었다면 하루라도 빨리 부도 처리를 하는 편이 낫지 않을까 싶었다.

하지만 아버지는 한 번 더 하나님의 뜻을 기다려 보자는 생각에 3개월만 더 버텨 보기로 결심하셨다. 죽을힘을 다해 동서남북을 헤매고 다니며 비싼 사채를 얻어 부도 위기를 번번이 막아 냈다. 하루가 천 년 같던 3개월이 드디어 지났다. 때는 1972년 8월 3일이었다.

그날 아침, 놀랍게도 TV 뉴스에서는 한국 역사상 유례없는 '8·3 조치'라는 경제 대혁명이 보도되었다. 다음은 당시의 보도 내용이다.

> 첫째, 각 은행에서 받은 차용금 일체를 1972년 8월 3일부터 5년간 완전 동결하고, 5년 후부터는 분납제도로 갚기로 한다. 현 25퍼센트의 이자를 연 5퍼센트로 인하한다.
>
> 둘째, 사채는 전액을 정부에 신고하면 1972년 8월 3일부터 10년 후까지 원금만 분납하며 이자는 무이자다.

뉴스를 듣는 순간, 아버지는 당신의 귀를 의심하셨다. 기업의 은행 빚에 대한 차용금 동결도 놀라운 일인데, 사채업계까지 대혁명을 감행하리라고는 상상도 못했던 일이다.

아버지는 이와 같은 대혁명이 우연히 일어난 일이 아니란 사실을 깨닫고는 기도에 응답해 주신 하나님께 벅찬 감사의 고백부터 드렸다. 아닌 게 아니라 그날 모든 도시들의 도로 위에는 '경제 대혁명'에 관한 기사가 실린 호외신문이 완전히 덮여 있었고, 사람들은 온통 희비가 엇갈려 난리법석이었다.

"너는 여기 걱정은 접어 두고 어여 네 갈 길을 가라."

계획된 유학길이긴 했지만 아버지의 거듭된 재촉을 따라 나는 아내와 세 살 된 큰딸과 10개월 된 큰아들을 데리고 미국행 비행기에 올랐다.

결국 이 일로 인해 아버지의 사업장은 구사일생으로 다시 살아나게 되었다. 하지만 아버지는 이 사업장을 살리신 분이 공의로우신 하나님임을 누구보다 잘 아셨기에 이후 빚 갚는 일에 최선을 다하셨다. 더구나 3개월을 버티게 해준 사채에 대해서도 정부에 신고하여 무이자로 갚는 길을 택하지 않으셨다.

당시에는 매월 5부, 6부씩 나가던 높은 이자 때문에 사채를 빌려 쓴 집들마다 패가망신을 했고, 그 때문에 정부에서도 이런 개혁을 단행했을 것이다. 하지만 아버지는 어쨌든 그들은 이자를 받아 생활하는 사람들이고 당신 자신은 그 이자를 갚겠다는 명목으로 돈을 빌려 썼기 때문에 사채는 약간의 이자를 쳐서라도 갚아 주는 게 도리라고 여기셨다. 아버지는 몇 년 동안 이자를 쳐서 모든 사채를 다 갚았다.

아버지가 사업장을 살리기 위해 이런 믿음의 싸움을 하는 동안 나는 낯선 생활에 적응하느라 눈코 뜰 새가 없었지만 그런 중에도 한국에서 들려오는 기적과 같은 소식에 나는 가슴을 쓸어내릴 수 있었다. 더구나 아버지가 정직하게 사태를 해결하고 계시다는 소식에 나 역시 인생의 어려움 앞에서 포기하지 않으리라 다짐했다.

동행

하나님과 함께 헤쳐 나가게 하라

내가 본 아버지는 늘 자식들을 위해 사셨고, 자식들 역시 성인이 되면서 아버지를 생각하는 마음이 점점 더 커졌다. 그러면서도 나는 아버지를 보면서 인생에는 혼자만의 싸움이 끊임없이 주어진다는 사실을 깨달았다. 그것은 나의 삶을 봐도 마찬가지였다. 현숙하고 신실한 아내와 결혼하여 가정을 이뤘음에도, 내게는 홀로 싸워 내야 하는 싸움이 계속해서 주어졌다. 그리고 이 싸움을 잘해 내느냐 그렇지 않느냐의 여파는 그대로 가족에게까지 미치는 법이었다.

따라서 가정을 잘 세우려면 먼저 각자가 있는 위치에서 자기 몫의 싸움을 잘 감당해야 한다. 아내는 엄마로서, 남편은 아빠와 가장으로서 각자에게 주어진 싸움을 잘 싸워서 자녀들에게 모델이 되는 게 무엇보다 필요하다.

내가 가족을 거느리고 낯선 땅 미국에 갔을 때, 나는 이 싸움이 만만치 않다는 사실에 자꾸만 두렵고 근심이 되었다. 레지던트 생활은 생각보다 힘에 겨운 데다, 전문의 시험을 준비하는 와중에도 아빠로서 해야 할 몫이 줄어들지 않으니 시간적으로나 정신적으로 무척이나 버거웠다. 가져간 돈도 얼마 안 됐고, 아직 수입도 적었던 터라 여러 가지 압박이 한꺼번에 밀려들었다. 아마도 세상 모든 아버지들이 이와 같은 두려움 속에서 혼자만의 싸움을 감당해 나가고 있으리라.

그러나 한 번만 더 생각해 보면, 홀로인 것 같은 이 싸움에도 언제나 함께하시는 분이 계시다. 졸지도 주무시지도 않으며 나의 오른쪽에서 그늘이 되시고, 낮의 해와 밤의 달이 나를 해치지 못하도록 나의 출입을 영원까지 지키시는 아버지 하나님이 바로 그분이다.^{시 121:4-6}

대학 시절, 아무도 나의 불안과 강박과 두려움을 치료할 수 없을 때 하나님은 나를 찾아오셔서 회복의 선물을 주셨다. 또한 어린아이와 같은 나를 성장시키시고 도우시며 여기까지 인도하셨다. 하나님은 그분을 의지하며 도움을 구할 때 결코 외면하지 않으시고 친절한 팔을 벌려서 구원하신다. 바로 그분이 나와 함께하고 계셨다.

그렇다. 믿는 자에게 싸움의 전략은 불을 보듯 빤하다. 전지전능하신 하나님, 사랑이시고 선하시고 지혜로우신 하나님과 손잡고 이 싸움을 헤쳐 나가는 것이다.

싸움은 하나님과 함께하는 합동 작전이다. 그렇기에 날마다 그분께 기도로 자신의 일정을 아뢰고 도움을 구하라. 나는 아침마다 아내와 함께 가정예배를 드리며 말씀 속에서 그분의 뜻을 구하고 찾았다.

"하나님, 장차 청년 사역을 하려는 나의 비전을 이루기도 전에 자칫 현실의 무게에 깔려 영영 넘어질까 두렵습니다. 영어도 안 들리고, 시간 관리, 인간관계도 힘겹습니다. 영어가 들리게 하시고, 시간 관리도 효율적으로 할 수 있게 도와주세요."

이때 내가 한 가지 확신한 것은, 인생이란 열심히 노만 젓는다고 해서 목적지에 이를 수 있는 게 아니라는 사실이었다. 그래서 나는 하나님께서 데려다주시는 대로 잘 따라갈 수 있게 해달라는 기도를 빠뜨리지 않았다.

사실 나는 하나님의 사랑을 맛본 청년 시절 이후, 개인의 영달과 안위를 위한 성공을 꿈꾼 적이 한 번도 없다. 하나님 나라와 그의 의를 위해 쓰임 받고 싶은 열망으로 언제나 불타올랐다. 더 구체적으로 말하면, 의사의 길을 가는 중에도 기회가 닿는 대로 젊은이들이 하나님 나라를 꿈꾸도록 그들을 안내하고 가르치는 역할을 감당하고 싶었다. 내가 가장 힘들었던 때도 청년 시절이고, 하나님을 뜨겁게 만난 때도 청년 시절이었기에, 청년 사역자로 쓰임 받고 싶은 소망이 내 가슴을 뛰게 했다. 청년들만 보면 당장에 붙들고 하나님의 사랑을 전하고 싶은 마음이 타올랐다.

그래서 나는 진료 과목을 선택할 때도 당시 인기가 많던 외과나 내과가 아니라 가장 인기가 없는 '마취과'를 택했다. 마취과 의사가 되면 다른 과 의사들보다 돈도 덜 벌고 덜 유명할지 모르지만, 응급환자가 없고 업무가 고되지 않아 퇴근 이후의 시간을 하나님께 드릴 수 있기 때문이다. 한편, 마취과는 환자와 상담하거나 진료할 일이 별로 없어서 영어로 어려운 대화를 할 일이 상대적으로 적다는 계산도 있었다.

그런데 막상 미국 뉴욕에서 레지던트 생활을 해 보니 전문 의학 용어는 물론 일반회화도 너무 어려웠다. 동양인에 대한 인종 차별도 일반적일 때라, 말 한마디 못하는 어리석은 사람 취급을 받을 때마다 그 수치심과 굴욕감에 모든 걸 포기하고 싶은 마음이 불쑥불쑥 들었다. 실제로 영어 스트레스 때문에 정신분열이 와서 폐인이 된 동기도 있었다. 나도 한번은 "앞뒤가 꽉 막힌 벽에 대고 얘기하는 것 같다"는 어느 담당 교수님의 질책을 듣고 한겨울 얼음물 속에 빠져 버린 것처럼 모든 용기와 기백이 실종된 적이 있다. 그만큼 언어 장벽은 엄청난 스트레스를 동반했고 번번이 장애물로 작용했다. 그렇다고 이제 와서 영어를 정복하기 위해 발버둥친다 한들 도무지 정복당할 것 같지도 않았다. 젊은 시절 내가 경험했듯이, 어떤 대상이 두렵기 시작하면 판세는 이미 패배로 기운 거나 마찬가지였다.

"휴, 하나님…. 저는 이제 이 싸움을 헤쳐 나갈 힘이 없습니다."

마음에서 '할 수 없다'는 신호를 보내 오면 더 이상 몸은 움직이지 않는 법이다. 나는 마음에서 보내 오는 절망의 아득한 신호를 느끼며 성경을 폈다.

> 내 영혼아 네가 어찌하여 낙심하며 어찌하여 내 속에서 불안해하는가 _시 42:11

"아, 하나님…."

하나님의 말씀이 예리하여 마음의 생각과 뜻을 판단한다는[히 4:12]게 이런 경우를 두고 이르는 것인가. 말씀을 보는 순간, 하나님께서 면전에서 말씀하시는 것처럼 또렷이 들렸다.

"수웅아, 네가 왜 그리 낙심하니? 나와 함께 동행하는 네가 왜 그렇게 불안해 하니?"

갑자기 눈물이 왈칵 쏟아졌다. 하나님은 이미 바위와 같던 내 두려움을 밀어 내시고 사랑과 지혜로 나를 격려하며 일으키시지 않았던가. 나는 왜 또다시 절망하고 있었단 말인가?

하나님은 그런 나를 향해 계속해서 말씀하셨다.

> 너는 하나님께 소망을 두라 나는 그가 나타나 도우심으로 말미암아 내 하나님을 여전히 찬송하리로다 _시 42:11

하나님께 소망을 두면 하나님께서 도우시겠다는 그분의 이와 같은 격려에 내 속에 남아 있던 수치심과 두려움들이 눈물로 녹아 없어지고 있었다. 할 수 없다는 절망의 마음도 어느덧 힘을 잃고 어딘가로 빠져나가고 있었다.

'하나님이 내 안에 계신데 내가 영어 때문에 좌절할 이유가 무엇이란 말인가?'

인생의 모든 문제 앞에서 하나님을 소망할 때 우리 인생길에 나타나 우리를 도우시는 하나님을 나는 그렇게 다시 한 번 경험하고 있었다. 그러자 철옹성처럼 높아 보이던 영어라는 장벽이 거짓말처럼 낮아져 내 발아래 있음이 느껴졌다.

　'그래, 부딪쳐 보자. 해볼 수 있겠다.'

　'절대로 못하겠다'는 마음 하나 바꾸어 '부딪쳐 보자'고 생각했을 뿐인데, 그날 이후 나는 용기를 내어 영어로 말하기 시작했다. 하지만 문법에 맞게 완벽하게 구사하려니, 몇 마디 하기도 전에 사람들은 '도대체 무슨 말을 하고 싶은 거니?' 하는 표정으로 고개를 흔들었다. 안 되겠다 싶어 완벽주의를 버리고 영어를 한국 화법대로 말하기로 했다. 가령, "너 학교 가!"라고 말하고 싶으면, "You school go!"라는 유치원생보다 못한 문법으로 말한 것이다.

　그런데 신기하게도 사람들은 한국식 문법대로 말하는 나의 영어를 잘 알아들었다. 오히려 "너는 향상되고 있다"(You are improving)며 칭찬까지 해 주었다. 자존심이나 두려움을 벗어버리고 직접 부딪치니 영어 울렁증이 사라지기 시작했고 마침내 극복되어 4년간의 수련 과정을 무사히 끝마칠 수 있었다.

　하나님은 이런 기적을 일으키시는 분이다. 끝까지 경주할 수 있도록 함께 달리시는 분이다. 나는 마취과에서 일하는 중에, 환자에게 건네는 내 말에서 좋으신 하나님의 체취가 조금이라도 묻어나길 간절히 소망하며 병원에서 누구를 만나든 언제나 얼굴 가득 웃음을 지어 보였다. 마취하기 위해 수술실에 들어가도 환자의 기분을 풀어 주려고 늘 웃는 얼굴로 대했고, "당신을 위해 기도하겠습니다. 하나님은 당신을 사랑하십니다"라고 진심을 다해 말했다. 감사하게도 환자들은 늘 웅얼거리듯 나지막이 부르는 나의 찬양 소리와 격려의 말을 좋아하는 듯했다.

물론 몇몇 병원장은 "여기가 교회냐?"면서 "입 다물고 일에만 열중하라"고 노골적으로 핀잔을 주기도 했다. 하지만 많은 환자들이 마취과 의사의 찬양과 기도 덕분에 긴장이 풀려서 편안하게 수술받을 수 있었다며 병원에 감사 편지를 보냈다. 그러자 병원장들은 태도를 바꾸어 "찬양하면서 일하라"고 오히려 부추겼다.

인생의 암초를 만나 괴로운가? 나를 만나 주신 하나님이 당신도 만나 주실 것이다. 자녀들이 문제 속에 신음하고 있는가? 인생의 어려움을 만났을 때 중도에 포기해 버리면 아무것도 이룰 수 없다. 우리의 신음소리까지 들으시는 하나님께 의뢰하고 그분과 함께 헤쳐 나가라. 작은 일이든 큰일이든 하나님과 동행하는 인생에 만족함이 있다.

기쁨

예수 믿는 기쁨을 보여 주라

나는 어린 날에 예수님만을 주인으로 삼은 한 여인을 본 적이 있다. 나의 어머니가 그 주인공이다. 어머니와 아버지는 결혼을 서두르는 집안 어르신들에게 떠밀려 번갯불에 콩 볶듯이 결혼식을 올렸다. 그렇다 보니 두 분 간에 따뜻한 위로나 사랑의 달콤함이 끼어들 시간이 없었다. 게다가 할머니와 아버지는 그동안 핍박이나 유혹에도 흔들리지 않는 삶을 살아오셨던 만큼, 가정 안에서도 단호하고 무서운 모습으로 가족을 대하셨다. 평생을 믿음으로 싸우는 가운데 오로지 목적을 향해 달리시다 보니 매사를 투쟁적으로 사시는 게 일상이 되셨던 것이다. 아마 이런 모습은 신앙의 1세대들, 또 거친 세월을 살아온 우리 기성세대의 공통적인 모습일지도 모른다.

그런데 문제는, 강하고 투쟁적으로만 보이는 부모의 겉모습으로 인해 자식들은 하나님 아버지를 그렇게 인식하게 된다는 점이다. 강인한 신앙, 어떤 어려움에도 꺾이지 않는 믿음만 재촉하시는 하나님으로 인식할 뿐, 따뜻한 햇살의 은혜를 포근하게 내려 주시며 안아 주시는 하나님으로 생각지 못하게 되는 것이다. 진리를 가르치되 은혜 안에서 자유하게 하고, 은혜를 누리게 하되 진리의 말씀 안에서 살아가도록 하는 균형 잡힌 신앙을 전달하지 못하는 셈이다.

우리 집에도 그런 점이 많았다. 아버지는 이미 범인(凡人)들이 따라가기에는 신앙적으로, 또 경험적으로 높은 기준을 갖고 계셨다. 아버지는 굉장히 도전적인 분이셨다. 하나를 가르치더라도 "날개를 쫙 펴서 이렇게 날아 봐"라고 하시는 아버지의 가르침은 이제 막 하나님의 존재를 인식한 나로선 따라가기 힘들었다. 그렇다 보니 나와 아버지 사이엔 괴리감이 생겨났고, 어린 시절의 나는 신앙적으로 경직될 수밖에 없었다. 아버지는 분명 훌륭한 분이셨지만,

어린 내 눈에는 아버지가 믿는 예수님이 정말 좋은 분인지, 정말 사랑 그 자체이신지를 알 수 없었다. 내 눈에 비친 아버지는 폭풍우를 뚫고 지나가는 강인한 분이기만 했다.

하지만 어머니는 나의 그런 경직됨을 풀어 주는 유일한 분이셨다. 어머니를 보면 오직 예수님으로 인해 기뻐하고 예수님에게서 위로를 받는다는 게 무엇인지 알 수 있었다. 말씀에서 위로를 받으실 때 흘리던 어머니의 눈물과, 말씀에서 소망을 얻으셨을 때 보이시던 어머니의 미소, 말씀에서 새 힘을 얻고 우리를 다독이실 때의 부드러운 음성은 예수님이 바로 사랑이요, 소망이요, 생명이심을 느끼게 해 주었다. 가난과 외로움의 추위가 속살까지 파고들던 그 시절, 어머니는 언제나 남편도 세상도 아닌 성경의 품만이 우리가 살아갈 길임을 몸소 보여 주셨다.

어머니가 매해 정월 초하루가 되면 가족을 위해 꼭 하시는 일이 있었다. 성경 읽기표를 방에 붙여서 말씀 읽기를 조용히 권유하시는 일이었다. 어머니를 좋아했던 나는 어머니 때문에 성경을 열심히 읽었다. 하지만 가족 중 그 누구도 어머니의 성경 읽기표 막대 높이를 쫓아갈 수는 없었다. 연말이면 가장 높이 솟아 있는 어머니의 막대를 보면서 나는 어머니가 얼마나 성경을 사랑하시는지 깨닫곤 했다.

특히나 지금까지도 잊을 수 없는 어머니의 모습이 있다. 눈이 소복이 쌓인 캄캄한 겨울 저녁이면 초롱불 대신 환한 눈밭에 성경을 비추어 읽으시던 모습이다. 어머니는 추위 속에서 오돌오돌 떨면서도 성경을 읽고 묵상하며 가족을 위해 눈물로 기도하셨다. 어머니가 절대적으로 의지하신 것은 따뜻한 아랫목이나 돈이 아니라 오직 하나님의 말씀이란 것을, 어린 나는 몸으로 배우며 익혔다.

어머니는 간혹 내가 친구들에게 괴롭힘을 당하거나 매를 맞고 들어와 훌쩍거릴 때도 "사내대장부가 왜 맞고 들어온다냐? 사내답게 가서 두 대 때리고 와라"라며 화내시거나 "예수 믿는 사람이 무조건 참아야지"라는 말로 나를 억누르는 법이 없었다. 나를 부드럽게 다독이시며 강단 있는 어조로 이렇게 말씀하실 뿐이었다.

"수웅아, 에미 말 잘 들어 봐라. 너 친구들하고 싸워서 이기고 싶지?"

"예, 흑흑. 이기고 싶지요."

"그럼 예수 잘 믿으면 된다. 그것이 이기는 거야. 똑똑히 기억해라."

그리 말씀하시며 약을 발라 주시던 어머니는 내게 인생의 싸움에서 이기는 길이 무엇인지를 어린 시절부터 깊이 생각하도록 이끄셨다.

무엇보다 어머니가 내게 주신 가르침은 찬양하는 삶, 은혜를 누리는 삶이었다. 어머니야말로 찬양할 만한 일들이 없다 할 정도로 각박한 시간을 보내셨는데도, 어머니의 입에선 늘 찬송이 끊이지 않았다. 시어머니가 무섭게 호령을 하고 남편이 살갑게 대해 주지 않아도, 어머니는 부엌일을 하시는 와중이나 바느질을 하실 때, 또 홀로 성경을 보실 때도 늘 찬송을 부르셨다.

"내 평생에 가는 길 순탄하여 늘 잔잔한 강 같든지, 큰 풍파로 무섭고 어렵든지, 나의 영혼은 늘 편하다. 내 영혼, 평안해, 내 영혼 내 영혼 평안해."

학교에 다녀오다가도 나는 어머니의 찬송 소리가 들려오면 그렇게 마음이 평안할 수 없었다.

"내 영혼이 은총 입어 중한 죄짐 벗고 보니, 슬픔 많은 이 세상도 천국으로 화하도다. 할렐루야 찬양하세. 내 모든 죄 사함 받고, 주 예수와 동행하니 그 어디나 하늘나라."

어머니가 자주 부르시던 이 찬양도 옆에서 계속 듣고 있노라면 어느덧 내 마음 안으로 하늘나라가 임하는 것 같았다. 어머니는 정말 하나님의 은총을 입어 슬픔 많은 이 세상을 천국으로 바꾸어 살아가는 여인이 분명하다는 생각마저 들었다.

어머니의 찬양이 이제 나의 찬양이 되었다. 훗날 내가 미국에서 프리랜서 마취과 의사로 살 때 나는 '찬양하는 의사'로 불렸다. 나는 늘 수술 한 시간 전에 와서 수술 준비를 했는데, 그때마다 습관처럼 찬양을 나지막이 부르곤 했다.

"God is so good, God is so good, God is so good, He's so good to me."

주로 〈좋으신 하나님〉을 반복해서 부르다가 〈Amazing Grace〉로 이어 부를 때가 많았다.

"Amazing grace how sweet the sound, That saved a wretch like me, I once was lost, but now I'm found, Was blind, but now I see."

그러던 어느 날이었다. 그날도 나는 정해진 스케줄을 따라 모 병원의 간호사들이 모여 있는 수술실로 들어갔다. 간호사 중 한 명이 오늘은 여기서 일하냐고 묻기에 그렇다고 답하자 그녀는 밝은 얼굴로 이렇게 말했다.

"와, 오늘 내가 운이 무척 좋네요."

간호사의 말에 내가 이유를 물었다.

"왜냐하면 항상 노래하잖아요!"

놀라웠다. 찬양하는 의사와 함께 일한다는 게 간호사들에게도 기쁨이고 평안이라니…. 그 옛날 찬양하는 어머니 곁에서 내가 느끼던 평안과 기쁨을 그들도 느끼고 있었다.

얼마 뒤에도 간호사들은 이 사실을 한 번 더 확인시켜 주었다. 그날따라 간호사들은 로비에 모여 음식을 먹으며 병원에서 어떤 의사가 돈을 가장 많이 버는지에 대해 이야기하고 있었다. 그 얘기를 듣던 나는 이렇게 말했다.

"아마 이 병원에서는 내가 가장 가난한 의사일 거예요. 나는 프리랜서로 항상 이 병원 저 병원을 돌아다니니까요."

그러자 한 간호사가 내게 말했다.

"맞아요. 하지만 선생님은 이 병원에서 가장 행복한 의사지요."

그 말에 내가 다시 물었다.

"그걸 어떻게 알았어요?"

그러자 간호사의 답이 명쾌했다.

"왜냐하면 선생님은 항상 노래하잖아요. 선생님은 항상 행복하고요."

그 말을 듣고 나는 다시 말했다.

"당신은 근본적인 기쁨과 행복이 예수 그리스도에게서 온다는 걸 아시나요? 그분이 나를 행복으로 이끌거든요."

나의 말에 간호사도 미소로 대답했다.

"네. 우리는 당신이 크리스천임을 잘 알아요."

예수님의 제자로 산다는 건 그리스도의 남은 십자가를 지고 그분의 뒤를 좇으며 사는 것을 뜻한다. 그 때문에 그리스도인들은 남들이 겪지 않아도 되는 고난과 환난을 겪을 때가 많다. 하지만 동시에 그리스도인으로 산다는 것은 세상이 알지 못하는 평안과 기쁨을 맛보며 사는 일이기도 하다. 욱여쌈을 당해도 싸이지 아니하고 죽어도 죽지 않는 참 생명의 능력이 우리 안에 있기에 우리는 누구보다 행복하고 기뻐하며 살 수 있는 것이다.

그 옛날 어머니가 그러했듯이 나도 자녀들에게 예수 믿는 것이 기쁨이고 행복임을 정직하게 보여 줄 수 있기를 기도했다. 그리고 예수 믿는 기쁨이 얼마나 큰지, 때로는 우리에게 주어지는 십자가마저도 기꺼이 지고 갈 수 있을 만큼 행복한 그리스도인이 되려고 했다.

'노래하는 마취과 의사'(singing anesthesiologist)라는 별명답게, 누구보다 행복한 그리스도인으로서 행복의 근원이신 예수 그리스도를 전하며 살기를 힘썼다.

제자

그리스도의 제자로 살게 하라

나는 지금도 하늘나라에 계신 어머니를 생각하면 나도 모르게 마음이 따뜻해지곤 한다. 예수님을 정말 사랑하셨던 어머니, 그리고 그 사랑으로 나를 언제나 따뜻하게 대해 주시던 어머니를 잊을 수 없다. 특히나 내가 친구들에게 얻어맞고 울며 집으로 돌아왔을 때, 억울하고 속상한 내 마음을 공감해 주시고는, "예수 잘 믿는 것이 이기는 것이다"라는 말씀으로 인생의 가치관을 심어 주셨던 어머니는 평생 내 삶을 움직이는 거울이었다.

나는 그때의 어머니처럼, 우리 아이들을 키우면서 인생의 참된 가치를 심어 주는 일을 최우선으로 두려 했다. 옳고 그름을 아이들에게 알려 주되 옳고 그름의 기준이 성경 안에 있음을 알려 주려 했고, 인생의 성공을 위해 달려가게 하되 그 성공의 기준이 반드시 '예수 그리스도'여야 함을 심어 주려 했다. 자녀들이 '무엇에 가치를 두고 살 것인가' 하는, 이른바 '가치관'의 문제야말로 부모가 가문을 잇는 자녀들에게 반드시 전해 줘야 할 유산이기 때문이다.

오늘날 대부분의 가정에서는 '돈'이 최우선의 가치다. 돈 잘 버는 직업, 돈 잘 버는 배우자, 돈 잘 버는 사람을 최고의 가치로 여기며 살도록 은연중에 자녀들을 가르친다. 그렇다 보니 아이들이 공부하는 목적이나 결혼하는 목적도, '돈을 벌기 위해서'인 경우가 대부분이다. 돈이 최고로 옳은 것이며 최고의 가치로 떠받들어지면서 돈을 벌면 행복한 인생, 돈을 못 벌면 불행한 인생이라는 공식이 보편화된 세상이 되어 버렸다.

그러나 성경은 결코 '돈'을 위해 사는 게 인생이 아님을 알려 준다. 우리가 구할 가치는 '하나님 나라와 의'이지, 결코 돈으로 대변되는 맘몬이 아니라는 것이다.

나는 이 사실을 우리 아이들에게 알려 주고 싶었다. "너희들이 공부해야 하는 이유, 열심히 살아야 하는 이유는 결코 '돈' 때문이 아니라, 하나님 나라와 의를 이 땅 가운데 실현하기 위함"임을 말해 주고 싶었다.

그러려면 이 세상 만물을 주관하며 다스리시는 존재가 '돈'이 아니라 하나님이시라는 사실과, 그 하나님을 즐거워하며 그분의 뜻을 이루는 일이 우리 인생의 최종 목적임을 자녀들과 공유해야 한다. 즉, 부모라면 먼저 자녀들로 하여금 그리스도의 참된 제자로 살아가는 일에 도전을 주고 가치를 심어 줘야 한다.

이를 위해 나는 우리 아이들에게 그리스도의 제자로 살아가는 아버지의 삶이 얼마나 행복하고 보람된지를 보여 주기도 하고, 또 나누기도 했다. 내가 많은 진료과목 중에서 하필이면 마취과를 택한 이유도 '하나님 나라와 의'를 구하는 가치관 때문이었고, 마취과 의사로서 성공가도를 달리다가 모든 걸 내려놓고 전 세계를 다니며 평신도 사역자로 섬기는 이유도 '하나님 나라와 의'를 구하기 때문임을 자녀들과 공유했다. '주 예수보다 더 귀한 것은 없네'라는 찬송가 가사를 따라 예수님의 제자로 살아가는 내 삶이 얼마나 행복한지도 자녀들에게 종종 고백했다. 사도 바울이 "내가 그리스도를 본받는 자가 된 것같이 너희는 나를 본받는 자가 되라"고전 11:1고 한 그 고백을 부모인 나도 자녀들 앞에서 해야 한다고 믿었다.

그런데 나의 모습을 지켜보던 딸아이는 얼마 전, 아빠가 청년 시절에 만난 하나님을 자신도 깊이 만나고 싶다고 말했다. 사역을 위해 큰 집에서 작은 집으로 이사하고, 돈 잘 버는 의사 생활을 접고 오히려 돈을 써야 하는 평신도 사역자의 길을 기꺼이 선택하는 나의 삶에 나타나는 그 생명력의 비밀이 '예수님'께 있음을 우리 딸이 알게 된 것이다. 그리고 감사하게도 딸은 자신도 그렇게 예수님께 소망을 둔 인생을 살고 싶어 했다.

인생은 그 자신이 무엇을 소망하는가에 따라 다르게 펼쳐지는 법이다. 그리스도의 제자로 살아가는 삶을 사랑하고 소망하면 그 자신도 제자로서의 삶을 살게 되지만, 조폭 세계를 동경하고 사랑하면 그 자신도 조폭 세계에서 살아갈 가능성이 높다.

그런 면에서 자녀들이 그리스도의 제자로 살아가게 하려면 부모 자신이 먼저 그리스도의 제자로 살아가는 삶을 안팎으로 보여줄 수 있어야 한다. 행복을 넘어 '거룩'을 추구하는 삶이 가장 가치 있고도 행복하다는 걸 부모의 삶이 증언해 줄 때, 우리의 자녀들도 제자됨의 삶을 소망하며 그 삶을 향해 달려가게 될 것이다.

나눔

원수도 인정하는 삶을 살라

믿음의 가문을 세우는 데 있어 가장 중요한 것은 가족 모두가 믿음에 생명을 거는 것이다. 이 믿음을 어떻게 부모로부터 물려받고 또한 어떻게 자녀들에게 물려주느냐에 따라 그 가문에 소망이 있고 없고가 결정된다.

그런데 우리는 이 땅을 살아가는 실제적인 원리들에 대해서도 눈 감아선 안 된다. 어떻게 돈을 벌고 그 돈을 어떻게 관리하고 증식하며, 또 어떻게 나누고 누리며 살 것인가에 대한 것도 그중 하나다. 이러한 것들도 그리스도인의 삶의 근간이 된다. 성경적인 재정 원칙을 알고 실천하는 것 또한 가장 신앙적이며 영적인 것이라 말할 수 있다.

이제 와 돌아보면, 아버지야말로 재정 원칙에 있어 가장 신앙적이셨던 것 같다. 아버지는 누구보다 가난한 가정에서 태어나 누구보다 열심히 돈을 벌고 누구보다 풍성하게 이웃과 나눌 줄 아신 분이었다. 덕분에 나는 어려서부터 근검절약하는 검소한 삶뿐 아니라, 충성스런 청지기로서 최선을 다해 물질을 증식하고 나누고 섬기는 데 사용하는 삶을 배울 수 있었다. 그리스도인의 신앙을 엿볼 수 있는 가장 실제적인 방법은 그가 어떻게 돈을 벌고, 돈을 대하며, 돈을 쓰는지가 아닐까 싶다.

나는 아버지에게서 비전을 따라 살 때 성경적인 재정 원칙이 얼마나 중요한지를 배웠다. 여기에 아버지의 간증을 소개하고자 한다.

"해방이 지난 여름, 우리 내외는 이제 막 두 돌이 지난 장남 수웅이를 품에 안고 정든 직장을 떠나 완주군 삼례읍 황금동 시장통으로 이사를 갔다. 그 집은 낮에도 전깃불을 켜야 하는 캄캄한 방이라 '왜 그 편안한 직장생활을 그만두고 이 고생을 자처하나?' 싶은 생각이 문득문득 들었다.

그러나 내 신념은 변하지 않았다. 어떻게든 돈을 많이 벌어서 우리 아이들에게 배움에 대한 좌절감만큼은 남겨 주고 싶지 않았다. 사랑하는 내 가족과 나라의 가난을 해결하는 데도 일조하고 싶은 마음이 내 속에서 뜨겁게 일었다.

이러한 꿈을 가지고 사업을 위해 1년간 고민하며 꾸준히 준비했다. 당장 현금은 없지만 그간 모아 놓은 재목만 해도 한 트럭분이 되었다. 이 재목으로 가구점을 시작하리라 마음먹었다.

사업을 시작하면서 유능한 일류 기술자들을 채용하는 데 주력했다. 삼례 읍내에는 이미 읍민들의 신임을 받는 가구점들이 몇 군데 있는 터라 제품은 우수하고 가격은 싸야만 경쟁에서 이길 수 있었다. 내가 마진을 적게 먹더라도 처음부터 제품이 좋다는 평을 듣는 것이 사업 성공의 관건이라 판단하고 일류 기술자들을 채용했다.

그 덕분에 가구점의 명성은 곧 퍼져 나갔다. 우수한 제품에 가격까지 싸니 가는 곳마다 소문이 났고 생각보다 많은 손님이 몰려들었다. 그렇게 내 기업체는 순식간에 번창해 나갔다.

그러자 기업체를 번창케 하시는 하나님의 뜻이 무엇인지에 대해 깊이 생각하게 되었다. 주변을 둘러보니 온통 굶주리는 사람들로 가득했다. 일본의 패망으로 삼천리 금수강산에는 자유의 기쁨이 넘쳤지만 가난은 36년간 일제의 찬탈을 받고 살아온 흔적으로 온 나라에 남아 있었다. 미국을 필두로 UN국가들의 도움으로 밀가루, 보리, 강냉이 및 각종 구호 식량들이 조달되었지만 나라 전체의 형편은 여전히 심각했다.

특히 내가 사는 황금동은 읍내에서도 제일 가난한 빈민촌이었다. 200가구쯤 되는 큰 마을이었으나 하나같이 사는 모양이 궁색하기 이를 데 없었다. 배급을 받을 때면 삼례 시장통에 길게 줄을 섰는데 가구당 많을 때는 석 되, 적을 때는 두 되씩 나눠 줬다. 그러나 도중에 끼어드는 사람들이 많았는지 구호 양곡이 부족하여 30~50명가량 되는 사람들이 배급을 받지 못하곤 했다. 그러면 그들은 '우리 식구 굶어 죽는 꼴 좀 보소' 하며 소리 소리 지르다가 나중에는 욕까지 퍼부어 댔다. 굶주림은 이렇듯 참혹했다.

그 모습을 보고 있자니 초근목피로 연명하며 겨우겨우 생존의 고삐를 쥐고 살던 어린 시절이 떠올랐다. 그렇다. 나는 몇 년 전까지도 굶주림에 한 맺힌 사람이었다. 그런데 하나님의 은혜로 사업체가 크게 번성했으니 이것은 필시 불쌍한 우리 동포들을 도우라는 뜻이었다.

나는 미곡상을 하는 임백순 사장에게 전화를 걸었다. 동네의 동장과 이장을 오라고 해서 배급받지 못한 동민 전원을 데리고 임 사장의 미곡상에 가라고 할 테니 그들이 가면 백미 두 되씩 고루 나눠 주라고 당부했다. 계산은 내가 할 것이니 아무 걱정하지 말라고 하면서 말이다. 그 후 한 달에 한두 번씩 꾸준히 이 일을 해 나갔다.

그래도 우리 동네의 가난은 도통 해결될 기미가 안 보였다. 리어카로 품팔이를 하거나 자전거로 배달하는 일을 부지런히 해도 하루에 한 끼 먹는 사람이 드물 정도였다. 사정이 이러한데도 어떤 부자들은 이들을 돕기는커녕 "빌어먹고 살려고만 한다"며 그들을 손가락질했다. 예전에 근무하던 가구사에서 피땀 흘리며 일을 했지만 일전 한 푼 못 받는 통에 우리 가족이 굶주렸던 경험이 있는 나로서는 부자들의 그런 빈정거림이 몹시도 야속했다. 내 모든 걸 털어서라도 가족과 같은 동민들을 힘써 도와야겠다는 생각을 다지게 되었다.

그래서 나는 배급을 나눠 주는 일 외에 연중 아이가 태어나는 가정이 있으면 빠짐없이 식구 수에 따라 백미 한 말에서 두 말, 그리고 미역 한 통씩 주어 산모와 신생아를 보호하도록 했다. 특히 정월 명절이나 추석 명절 같은 날에는 굶는 가정이 없도록 빠짐없이 동장에게 살펴 오게 해서 백미를 나눠 주었다. 1946년 8월부터 전쟁이 터진 1950년 6월 25일까지 이 일을 계속했던 것은, 어려서부터 굶주림 때문에 죽을 고비를 수없이 넘기면서도 그 시간까지 나를 살아 있게 하신 하나님의 한없는 은혜에 대한 감사의 고백이었다. 내가 아는 하나님은 병든 자, 배고픈 자, 외로운 자, 소외된 자에게 차별 없이 다가가 그 품에 안으시며 먹이시고 싸매시는 분이었다.

그러던 중 내게 삼례읍 소방대 책임의 일과 반공 청년단장의 일이 맡겨졌다. 시절이 하수상할 때라 경찰관이나 읍정에 대해 지방 유지로도 활동하며 맡은 일을 하나님 뜻에 따라 정직하게 행하다 보니 읍민들의 신의와 격려를 많이 받게 되었다. 어려운 시절이었지만 우리 마을에 조금씩 평화가 실현되고 있었다.

그런데 1950년 6월 25일 주일 새벽, 느닷없이 비상시국을 알리는 뉴스가 보도되더니 북한군이 서울을 향해 진격해 오고 있다는 소식이 들렸다. 3일 만인 27일에는 북한군이 이미 서울을 점령해서 계속 남쪽으로 진격하고 있다는 뉴스까지 전해졌다.

서둘러 피난을 가야만 했다. 31세의 교회 집사요, 반공 청년이었으며 지방 유지인 나는 공산당 입장에서 보면 완전히 악질 반동 분자 그 자체가 아닌가. 나야말로 이 전쟁통에 가장 살아남기 힘든 부류였다. 뱃속에 7개월 된 아기를 품은 아내와 5세인 수웅이, 2세인 철웅이의 얼굴을 보고 있자니 기가 막혔다. 나는 하나님께 우리 가족을 지켜 달라고 눈물로 기도하며 아내와 어린 아들 형제를 처가로 피신시키고, 처형 대상 1순위인 나와 다른 다섯 사람은 다음 날 새벽, 부산으로 피난을 떠났다.

피난 도중에 있었던 그 숨 막히는 고비들과 그 속에서 나를 살리신 하나님의 은혜를 어떻게 다 기록할 수 있으랴.

피난 도중 빨치산에도 붙들렸다가 살아나고, 죽음 직전에 성령께서 임하시는 기적을 경험한 나는 몇 개월간의 우여곡절 끝에 공산당원에게 다시 붙들려 내가 살던 삼례읍 황금동으로 돌아오게 되었다.

읍내에서도 가장 가난했던 마을 황금동은 공산당의 활동이 가장 극렬하게 전개되고 있었다. 그도 그럴 것이 황금동이야말로 자본가를 타도하고 공평한 세상을 만들자는 공산당의 구호가 가장 솔깃하게 들릴 만한 곳이었다. 그래서인지 유지나 반동분자는 즉각 사형에 처해지고 있었다. 나 역시 곧 죽음을 맞으리라 생각했다.

그러나 몽둥이를 든 20여 명의 공산당 청년들은 나를 보자마자 일제히 몽둥이를 내려놓고 뛰어나와 반갑게 맞아 주었다.

'박 동무, 박 동무가 살아 돌아오다니, 참말로 반갑고 기쁩네다.'

나를 에워싼 채 반갑게 끌어안으며 건네는 인사말이 거짓처럼 느껴지지 않았다. 이 같은 분위기는 저녁식사 자리에서도 계속 이어져 우리 집 바로 옆 식당에서 밥을 먹고 나자 나를 보고 반가워

하시던 식당 주인 할머니는 식사 값도 받지 않았다.

무사히 집으로 돌아왔지만 잠이 오지 않았다. 쥐가 부스럭거리는 소리만 들려도 공산당원들이 나를 찾아와 쥐도 새도 모르게 죽일 것만 같아 안절부절못했다. 왜 그들이 나를 안 죽이고 잘해 주는지 이유를 몰랐기에 초조함은 더욱 깊어졌다. 유물론자인 공산당원들이 볼 때 처형 대상 1순위인 내게 왜 호의를 베푸는지 모를 일이었다.

다음 날 밤엔 도저히 안 되겠다 싶어서 늦은 시간에 정옥현 동위원장의 집을 찾아갔다. 나는 그에게 노골적으로 질문을 던졌다.

'왜 나를 살려 주는 겁니까?'

내 물음에 그는 '만일 누군가 박 동무를 죽이려 한다면 나를 먼저 죽인 다음에나 가능할 것이오.'라고 말하며 자세한 내막을 알려 줬다.

'박 동무를 살리는 것은 황금동 동민 전체의 뜻이오.'

그렇게 운을 뗀 그는, 가난하게 살던 그를 비롯해 동민들에게 수년 동안 베풀어 준 나의 은혜에 대한 전 동민의 호의라고 했다. 동민들 모두 내가 없어진 그날부터 내가 무사하기만을 바라며 염려했고, 이렇게 건강한 몸으로 만나게 되어 너무나 기뻐한다는 얘기였다.

'예부터 선(善)의 끝은 있으나 악(惡)의 끝은 없다고 했는데, 박 동무가 자진해서 물심양면으로 동민들에게 선을 베풀었으니 우리 동민들도 이제 그 은혜를 조금이라도 갚고 싶어 하오. 그러니 아무 염려 말고 안심하시오.'

사정이 이러했다는 말을 듣고서야 나는 안심하고 집으로 돌아갈 수 있었다. 하나님의 은혜로 나는 또다시 살게 된 것이다.

하지만 그 후로도 불안한 형국은 계속되었다. 특히 한내다리를 통해 인민군의 군량미와 무기 등이 남쪽으로 전달되는 것을 막고자 국군이 삼례읍에 있는 한내다리를 끊어 버렸는데, 그로 인해 매일 밤 읍민 전원이 철교 복구 공사에 동원되었다. 인민군이 총을 든 채 공사 현장을 밤새도록 감시했기에 누구도 게으름을 피우거나 도망갈 수 없었다. 그런데 그 고된 작업자 명단에서 내가 특별 혜택을 받아 제외되어 있었으니 이 또한 불안하고 불편하기 짝이 없는 노릇이었다.

그렇게 초조한 날을 보내면서도 나는 뜻을 같이하는 동지들과 비밀리에 UN군의 승전보를 듣고 있었다. 머지않아 남북이 통일되리라 소망하며 눈물로 기도하기를 멈추지 않았다.

그러는 사이 나를 향한 공산당의 회유도 점점 강해졌다. 황금동 인민위사무소에서는 수차례 나를 찾아와 총무직을 맡아 달라 요구했고, 이민갑 씨는 우리 집을 인민보지사로 사용하겠다는 청을 하기도 했다. 그러나 그때마다 일언지하에 '안 된다'는 내 입장을 밝혔다. 그러니 나는 언제 또 반동분자로 몰려 죽을지도 몰랐다. 회유책이 계속된다면 기회를 봐서 아내가 있는 처가로 몸을 숨겨야겠다고 생각했다.

그러던 어느 날, 마침내 올 것이 오고 말았다. 청년 서넛이 들이닥쳐서 나를 이웃 부락으로 끌고 가서는 죄인 다루듯 취조하기 시작했다. 죄명은 청년단장의 동생을 내가 착취했다는 것인데, 그 기세가 어찌나 등등하고 살벌한지 '이제는 살 길이 없구나' 체념하게 되었다. 그 시절 죄목이란 것이 코에 걸면 코고리요 귀에 걸면 귀고리였다. 내가 종업원을 고용하는 사업가였다는 이유 하나만으로도 처형시킬 죄목은 충분했다.

그런데 갑자기 취조받고 있는 그곳으로 우리 동네 청년 대여섯 명이 헐레벌떡 뛰어왔다. 그중 하나가 나를 조사하는 청년에게 따지기 시작했다.

'박 동무가 무슨 죄가 있기에 이렇게 불시에 연행해서 취조하는 것이오?'

나를 취조하던 청년단장은 여전히 당당하게 대답했다.

'박 동무는 내 동생을 노동 착취했소.'

'뭐요? 단지 그 이유 하나로 박 동무를 취조하는 것이오? 다른

이유는 없소?'

따지듯이 묻는 그의 물음에 청년단장은 발뺌하듯 말을 이었다.

'없소.'

그 말이 떨어지기가 무섭게 마을 청년들은 벼락같이 화를 냈다.

'너같이 무식한 자는 당장 인민본부에 보고하여 처벌하겠다.'

'……'

사태가 급반전되었다. 나를 취조하던 청년단장이 죄인이 되어 버린 것이다.

'박 동무, 안심하십시오. 우리 동민 전부가 박 동무가 베풀어 주신 선과 덕에 대해 보답할 것이니 박 동무는 안심하십시오.'

그들은 나를 집까지 데려다주면서 몇 번이나 이런 말을 되풀이했다. 반동분자로서 수차례 죽을 뻔한 나의 목숨은 그렇게 하나님의 은혜 속에 보존되고 있었다. 나는 그저 하나님께서 내게 주신 은혜에 감사해서 그분의 은혜를 사람들에게 나누었을 뿐인데, 하나님은 원수의 목전에서 내게 상을 베푸시며 나를 높여 주셨다. 이 작은 자를 향하신 하나님의 은혜가 얼마나 크고 높은지, 나는 그 시절을 지나며 온몸으로 경험했기에, 이제는 더더욱 살고 죽는 것을 하나님께 맡기고 오직 주를 위해 살자는 마음을 더욱 굳게 다지게 되었다."

내가 주릴 때에 너희가 먹을 것을 주었고 목마를 때에 마시게 하였고 나그네 되었을 때에 영접하였고 헐벗었을 때에 옷을 입혔고 병들었을 때에 돌보았고 옥에 갇혔을 때에 와서 보았느니라 … 이에 임금이 대답하여 이르시되 내가 진실로 너희에게 이르노니 이 지극히 작은 자 하나에게 하지 아니한 것이 곧 내게 하지 아니한 것이니라 하시리니 그들은 영벌에, 의인들은 영생에 들어가리라 하시니라 _마 25:35-36, 45-46

거룩

행복보다 거룩을 따르라

교회 안에서 누군가 결혼한다는 소식이 들려올 때면 이런 이야기도 더불어 들려온다.

"저 형제는 집안이 좋잖아. 대대로 교육자 집안이니 자매 집안에서 탐낼 만하지."

"저 자매네도 보통 집안이 아니래. 재산이 수백억 대잖아. 그런 명문가에 장가들었으니 형제가 봉 잡은 거야."

나는 이런 말들을 들을 때면 우리가 얼마나 '명문가'에 대한 개념을 잘못 잡고 있는지를 실감한다. 교회 안 사람이든 교회 밖 사람이든 우리는 그저 남다르게 많은 돈이나 권력, 명예가 가문 대대로 이어지면 '명문 가문'이라 생각하는 것 같다.

그러나 성경에서 소개하는 명문 가문은 이 개념과 전혀 다르다. 명문 가문이란 무엇인가를 많이 소유한 가문이 아니라, 하나님 안에서 꿈꾸는 '거룩한 목적'이 자손 대대로 이어지는 가문을 말하기 때문이다.

아브라함부터 이삭, 야곱으로 이어지는 가문을 보라. 그 가문에는 4천 년 동안 메시아의 약속을 기다리는 믿음이 대를 이어 흐르고 있었다. 아브라함이 사라를 만나 사랑하며 행복한 삶을 사는 것, 또 야곱이 리브가를 만나 러브스토리를 쓰는 것만으로 그 가정의 존재 목적이 온전히 실현된 게 아니었다는 뜻이다. 이삭이 땅을 파는 곳마다 우물이 나와 큰 부자가 된 것도 궁극적으로 그 가문을 명문 가문으로 세워 주는 요소는 아니었다.

아브라함의 가문을 최고의 명문 가문으로 꼽을 수 있는 궁극적인 이유는, 하나님의 약속을 바라보며 기다리는 믿음의 유산이 예수 그리스도가 나실 때까지 그 가문에 흐르고 있었기 때문이다. 아브라함과 이삭과 야곱은 하나님의 약속을 최고의 가치로 바라보며 사는 거룩한 믿음의 영향력을 보여 주었고, 그 거룩한 영향력을 세상으로 흘려 보내고 있었던 것이다.

그러므로 가정의 존재 목적은 '행복'이 아니라 '거룩'이라 할 수 있다. 행복은 거룩을 향해 갈 때 자연스럽게 주어지는 것이지, 그 자체가 목적일 수 없다는 얘기다. 하나님은 이 땅의 각 가정이 '거룩'을 향해 갈 때, 그런 가정을 통해 이 땅에 하나님 나라를 확장해 가신다.

만약 한 가정에 하나님 나라와 의를 위한 '거룩한 목적의식'이 없다고 생각해 보라. 가족 간에 서로를 위해 주는 사랑도 존재하고 각 구성원들이 성공을 향해 열심히 살아 돈과 명예와 부도 주어졌지만, 세상을 향한 선한 영향력이 전혀 없다면 그 가정은 결코 믿음의 명문 가문이라 할 수 없다.

물이 낮은 곳을 향해 흘러가지 않으면 냄새가 난다. 반면, 세차게 흐르는 물일수록 자정작용이 일어나 물이 맑아지고, 그곳에선 온갖 생명체들이 힘차게 살아갈 수 있다. 각 가정이 대를 이을 때마다 '거룩'한 목적 속에서 세상을 향해 힘찬 영향력을 발휘하지 않으면 언젠가 그 가문은 고인 물처럼 썩고 말 것이다.

내가 할아버지와 아버지를 존경하는 이유도 그와 같다. 그분들은 우리에게 믿음을 유산으로 남겨 주시되, 결코 우리 가족만을 배

불리기 위한 믿음을 남겨 주시지 않았다. 하나님께 충성하고 이웃에게 선한 영향력을 끼치는 믿음, 즉 세상을 향한 '거룩한 목적'을 향해 사셨고, 그것을 우리 자손들에게 남겨 주셨다.

하나님의 은혜로 특별하게 경험하거나 알게 된 좋은 것들은 세상에 흘려보내야 한다. 나는 아이들이 거룩이라는 목적의식 속에서 직업과 비전을 가지기를 기도하며 지도했다. 우리 가문이 좋은 열매를 맺을 수 있다면, 그 열매는 이 땅의 많은 사람들과 더불어 나누어 먹는 게 마땅하다. 그것이 하나님 나라의 원리이기 때문이다.

신앙의 명문 가문을 세우고 싶다면 세상을 향해 좋은 것들을 흘려보내는 물꼬를 터 놓아야 한다. 그럴 때 비로소 우리의 가문이 대를 이어 하나님의 축복의 통로로 세워질 것이다.

part 3

가정의
소통력을
높여라

이해

믿음 가문의 시작, 배우자를 연구하라

"하나님께서는 사람에게 두 개의 사랑 탱크를 그 마음에 허락하셨습니다."

가정 사역자로서 부부 세미나를 인도할 때마다 나는 이 말을 종종 한다. 여기서 두 개의 사랑 탱크란 하나님만으로 채워지는 탱크 하나와 인생의 반려자인 배우자를 통해서만 채워지는 탱크 하나를 말한다. 인간은 반드시 주님과 만나 영생의 복을 얻어야 하고, 뼈

중의 뼈요 살 중의 살인 배우자와 만나 하나됨의 행복을 누려야 한다는 얘기다.

그런데 하나님을 만나 하나의 사랑 탱크를 채운 사람이라 해도 배우자와 만나 하나됨을 이루기란 쉽지 않다. 누구나 하나가 되고 싶어 하는 열망은 있지만, 부부의 참된 연합이 무엇인지 알지 못하기도 하고, 하나됨을 이룰 만한 실력도 부족하기 때문이다. 아마도 자신에게 이와 같은 실력과 지식이 부족하다는 사실조차 인지하지 못하는 사람들이 대부분일 것이다.

나는 딸아이의 사춘기 시절, 반항하는 딸로 인해 가정을 세우기 위한 공부를 본격적으로 하면서 가정을 세우려면 먼저 부부간의 탱크부터 온전히 채워야 한다는 사실을 알게 되었다. 부부의 온전한 연합 없이는 온전한 자녀 교육도 불가능하다는 게 만고의 진리였기 때문이다.

아이들을 키우는 동안 우리 부부의 마음은 적잖이 엇갈려 있었음에도 나는 내 방식이 옳다고 확신했다. 나 자신이 무섭고 엄격한 아버지로 인해 심한 압박감을 느꼈고, 그 후 은혜의 하나님을 뜨겁게 체험했으면서도 정작 내가 아버지가 된 뒤에는 모름지기 아이들이란 엄하게 키워야 한다는 생각을 은연중에 갖고 있었다. 아마도 은혜의 하나님을 은혜와 사랑의 언어로 전하고 가르치는 역할

모델을 보지도 배우지도 못한 탓일 것이다.

반면에, 아내는 민주적인 가정에서 민주적인 교육 방식으로 자란 사람이었다. 당연히 스파르타식으로 교육하는 나를 보며 속을 태웠다. 그렇다고 매번 남편과 맞설 수 없기에 시간이 지날수록 나를 향한 마음 문이 닫히고 있었다.

감사하게도 그때 하나님께서 개입해 주셨다. 하나님의 은혜로 내 눈이 밝아져서 아내의 닫힌 마음 문을 보게 되자, 나는 부부의 온전한 연합을 위해 먼저 아내를 연구해야 한다는 사실을 깨달았다. 하나님과의 온전한 하나됨을 경험하려면 힘써 여호와를 알아야 하듯이, 아내와의 하나됨을 꿈꾼다면 아내를 연구하고 공부하는 게 당연했다.

아내에 대해 연구하면서 내가 먼저 주목한 부분은 아내의 할아버지에 대한 얘기였다. 아내의 할아버지는 전라북도에서 첫 세례를 받은 첫 목사님이셨고, 제주도 2대 선교사로 헌신하여 제주도 선교 역사에 이름을 남기신 분이었다.

아내 집안의 토스트 사랑은 그때부터 시작되었다. 할아버지는 서양 선교사들과 함께 지내면서 토스트를 자주 잡수셨다. 장인 어른은 교수님으로 양식도 즐겨 드시고 점잖은 분이었다. 장모님 역시 말씀도 조용히 하시고, 행동거지도 얌전하신 분이었다. 두 분은 자녀에게 청소도 열심히 시키셨고, 부지런하며 시간 약속을 잘 지키는 사람이 되어야 한다고 가르치셨다.

 나는 왜 아내가 매사에 정확하고 부지런하며 조용히 지내는 걸 좋아하는지, 왜 아침마다 토스트를 만들어 먹고 싶어 하는지 그제야 이해가 되었다. 아내가 이해되자 아내를 수용하는 내 가슴이 넓어지고 따뜻해졌다. 어떻게 말하고 행동하는 것이 아내를 배려하는 것인지도 알게 되었다. 그렇게 아내를 연구하고 아내 편에서 생각하는 모습을 내가 보이자, 아내도 나를 열심히 연구하더니 나에 대한 리포터를 마음속에 정리하기 시작했다.

 우리 집은 아버지가 사업을 하는 터라 아침식사조차 가족끼리 오붓하게 해 본 적이 없다. 누군가 지나가다 "선생님 계십니까?" 하면 서둘러 밥 한 그릇 퍼서 함께 식사를 하는 게 당연했다. 그래서 우리 집은 가족끼리 조용히 지낸 적이 별로 없고 늘 잔칫집처럼 시끌벅적했다. 언제든지 손님이 들락날락거리다 보니 제시간에 자고 제시간에 일어나기가 어려웠고 청소조차 제때 하기 힘들었다.

 아내는 내가 자란 환경을 이해하게 된 뒤 내가 아무 데나 벗어 놓은 양말을 빨래통에 집어넣으면서도 별로 자존심이 상하지 않게 되었다고 했다. 일부러 그러는 게 아니라 오랫동안 몸에 익은 습관일 뿐이라는 걸 알게 되니까, 나를 받아들이기가 훨씬 수월해졌던 것이다. 예고 없이 손님을 몰고 오는 것도 하루아침에 고쳐질 일이 아님을 알기에 바가지를 긁기보다 차라리 미리미리 밑반찬을 준비해 두는 것으로 태도를 바꾸었다.

이런 시간들을 보내면서 우리 두 사람은 차츰 알게 되었다. 서로 다른 두 사람이 만난 것은 서로를 멋지게 보완하기 위해 계획된, 하나님의 완벽하신 설계 속에 이루어진 일이었음을. 그래서 우리 두 사람은 서로 다른 취향, 서로 다른 관점, 서로 다른 교육관을 서로에게 편안하게 내보일 수 있게 되었다. 다르다는 것 자체로 서로를 비난하지 않게 되었기 때문이다.

또한 서로 다른 두 가지를 하나의 의견으로 조합하면 보다 훌륭한 대안이 될 수 있음을 경험으로 알게 되었다. 자녀를 교육하는 방법이 그중 하나였다. 패션 감각이 뛰어난 딸아이가 쇼킹한 복장으로 집을 나설 때마다 놀라서 아이에게 야단치려는 내게 아내는 이렇게 말했다.

"여보, 쟤 옷 입는 거 그렇게 이상하지 않아요. 저 나이에는 누구나 저런 옷도 한 번쯤 입어 보고 싶고, 화장도 해 보고 싶은 게 자연스런 심리예요. 조급해 하지 말고 조금만 더 기다려 줘요."

가정교육으로 치자면 아내는 바른생활 어린이의 전형적인 모범이라 할 만했지만, 아이들을 바라볼 때 나처럼 획일적인 잣대로 보는 법이 없었다. 그래서 나는 아내의 객관적인 조언을 받아들이게 되었고 이전보다 한층 열린 마음으로 아이들을 대할 수 있었다.

아이들이 진로와 비전의 문제로 고민할 때, 아내는 "아빠와 상의해. 아빠가 그 분야의 전문가이시고 너희들을 가장 잘 아시잖니?"라고 말하며 나와 아이들 사이에서 다리가 되어 주었다. 그리고 그렇게 결정된 사항에 대해 아내는 언제나 내 의견을 지지해 주었다.

달라도 너무나 달랐던 우리 두 사람은 그러는 사이 어느덧 한 배에서 한 마음을 품고 한 곳을 향해 노를 젓게 되었다. 한 사람이 지치면 다른 한 사람이 노를 저어 주고, 한 사람이 왼쪽 방향에 암벽이 보인다고 말하면 다른 한 사람이 오른쪽 방향의 열린 길을 찾아 주었다. 우리 부부가 서로를 이해하고 배려하기까지는 숱한 시행착오도 있었다. 그러나 인내하며 조율했을 때 서로를 발전하도록 돕는 배필이 되었다.

믿음의 가문은 배우자와 진정으로 연합하는 데에서 시작한다. 그 하나됨의 축복으로 가정이라는 배가 순항할 수 있는 것이다.

혹시 배우자를 탓하며 결혼생활이 힘들다고 하는가? 배우자를 연구하며 서로 조율하라. 서로 대화하며 타협점을 찾으라. 하나님이 실수로 주신 짝이 아니라 나에게 주신 가장 소중한 존재임을 인정하고 믿음의 가정을 시작하라.

성찰

갈등 상황에서 부모 자신을 먼저 보라

이 땅의 많은 아버지들이 그렇듯, 나는 자녀들이 태어날 때마다 세상 모든 것을 얻은 것처럼 마냥 감격하고 기뻐했다. 이렇게 귀한 아이들을 잘 키워서 이 땅의 빛과 소금으로 살게 하리라는 의욕도 컸다. 그러고 보면 나도 내 아버지처럼 자식들에 대한 교육열이 누구보다 뜨거웠던 것 같다.

특히 신앙 교육만큼은 철저하게 시키고 싶었다. 내 인생을 돌아보건대, 비록 방황의 시절이 있긴 했지만 부모님에게서 물려받은 신앙으로 인생의 고비마다 하나님의 손을 붙잡고 일어설 수 있었다. 이 좋으신 하나님을 나의 자녀들도 잘 믿기를 바랐다. 그리고 부모가 자녀에게 물려줄 수 있는 가장 귀한 유산은, 하나님과 동행하는 삶을 살다가 영원한 천국에 이르도록 예수님을 자녀의 가슴 속에 분명하게 새기는 일이라고 믿었다.

하지만 결과적으로 볼 때, 당시 나는 어린 날 아버지가 내게 하신 방식을 그대로 답습하고 있었다. 하나님이 내게 은혜로 찾아오셨음이 분명한데도, 나는 아이러니하게도 그 옛날 아버지처럼 강압적이고 이분법적인 언어로 하나님을 자식들에게 전했던 것이다.

우리는 큰딸이 글을 읽기 시작한 초등학교 때부터 하루도 빼먹지 않고 가정예배를 드렸는데, 이 역시 강압적인 방식이었다. 저녁 식사를 끝낸 오후 8시만 되면 나는 온 가족이 알아듣도록 큰소리로 외쳤다.

"예배 시간!"

무슨 일이 있어도 하나님 앞에 드리는 이 예배만큼은 엄수해야 한다는 나의 철칙을 따라 가족은 군소리 없이 성경책을 들고 엄숙하게 거실로 모여들었다.

"자, 찬송합시다. 하나님이 세상을 이처럼 사랑하사 독생자를 주셨으니 누구든지 예수 믿으면 멸망하지 않고 영생을 얻으리로다 요한복음 3장 16절."

내 딴에는 나름대로 권위주의를 벗은 친근한 모습으로 예배를 드린답시고 고른 어린이 복음송이었다. 이렇게 대여섯 곡을 부르는 것으로 예배를 시작했다. 그런 후에 하루에 한 장씩 읽는 성경 순서를 따라 아이들 셋이 돌아가면서 그날의 성경 본문을 읽도록 했다. 이때 나는 아이들이 성경을 잘 이해하도록 하기 위해 한 가지 특별하고도 창의적인 묘안을 생각해 냈다. 여덟 살인 큰딸이 그날 읽은 본문 내용을 요약 정리해서 두 동생에게 전달하고, 이어서 큰아들이 들은 내용을 내게 전달하면 내가 최종적으로 그날 본문을 설교식으로 모두에게 전달하는 것이었다.

'참 괜찮은 아이디어란 말이지.'

어린 자식들이 성경 본문을 요약해서 전달하는 모습을 볼 때마다 나는 마음속으로 얼마나 뿌듯해 했는지 모른다.

그러나 이 예배를 기획하고 주관해서 드리는 어른인 아버지와, 아버지에게 순종하기 위해 수동적으로 예배에 참여하는 어린 자녀들의 속마음은 180도 다를 수 있음을 나는 그 후로도 수년간 알지 못했다. 큰딸이 사춘기를 맞아 어린 시절 날마다 40~50분씩 드린 가정예배에 대해 "지옥 같았다"고 말하기 전까지는.

완벽주의적이고 예민한 기질의 딸아이는 가정예배 때마다 동생에게 성경을 잘 전달해야 한다는 압박감을 느껴야 했단다. 나는 그다지 다그친 기억이 없건만 딸아이는 성경 내용을 동생에게 잘못 전달할 때면 아빠에게 혼나서 상처를 많이 받았다는 말도 했다. "아빠는 율법적이고 일방적이다"라는 표현도 했다.

가히 충격이었다. 내가 아버지에게서 이것만은 닮지 않으리라 한 바로 그 부분을 지적당한 것도 그렇고, 일 마치면 곧바로 집으로 달려와 가정을 돌본 것을 몰라주고 꽉 막히고 강압적인 아빠라고 내몬 것도 그랬다. "그게 다 너 잘되라고 한 거였어!"라는 말이 목구멍까지 올라왔다.

아닌 게 아니라 딸아이는 사춘기에 들어서면서 급격히 변했다. 어렸을 때는 내가 말하는 대로, 내가 꿈꾸는 대로 잘 따라와 주던 아이가 왜 갑자기 내 말끝마다 눈물을 뚝뚝 흘리며 나를 노려보기까지 하는지 모를 일이었다. 청년 시절부터 가정에 대한 꿈과 비전이 컸던 터라 딸아이의 원인 모를 반항 앞에 억장이 무너지는 것 같았다. 자식의 문제는 아무리 사소하다 해도 부모에게 가장 큰 고통을 안겨 줄 수도, 혹은 그 반대일 수도 있다는 걸 새삼 알게 된 시간이었다.

그렇다고 해서 딸이 크게 사고를 치고 다닌 것은 아니었다. 다만 아버지인 내가 봤을 때, 이대로 가다가는 크게 잘못될 수도 있을 것 같아 잔소리한 것인데, 딸은 절대 "yes!"라고 대답하는 법이 없었다. 눈을 똑바로 쳐다보며 달려들기 일쑤였다. 서로 상처를 주고받는 고통스런 시간이었다.

딸의 논리가 얼마나 뛰어난지, 내가 옳다 네가 옳다 주장하며 싸우다 보면 내가 더 이상 말로는 아이를 이길 방법이 없음을 매번 깨닫곤 했다. 코너에 몰린 나는 결국 큰소리를 지르며, "아무튼 안 돼! 내가 안 된다면 안 되는 줄 알아!"라는 식으로 으름장을 놓았다.

지금 와서 생각하면 가장 큰 문제는 나의 노파심이었다. 거칠고 험한 세상에서 딸아이를 키우려니 걱정이 앞섰다. 내가 근무하는 병원에만 가 봐도 어린 나이에 원치 않는 임신을 한 아이들이 많았다. 그럴 리는 없겠지만, 눈물을 흘리며 병원을 찾는 아이들을 볼 때마다 아가씨 티가 나기 시작한 딸아이에 대한 염려가 슬그머니 올라오곤 했다. 큰딸은 사춘기에 접어들면서부터 전에 없이 포대 같은 옷을 입고 머리는 높이 추어올렸으며, 남녀가 어울려 노는 생일 파티 같은 데도 참석했다.

나는 아버지로서 그런 딸아이의 변화를 받아들이지 못했고, 혹여 잘못될까 싶어 몇 가지 원칙들을 내세우며 구속하려 했다. 이성과 어울리는 자리 자체를 금하는가 하면 옷도 단정하게 입지 않으면 외출을 못하게 했다.

"도대체 아빠는 왜 모든 걸 아빠 마음대로 하는 거예요?"

딸은 거세게 반발했다. 어린 시절 드리던 가정예배까지 문제 삼으며, 아빠는 언제나 합의가 아니라 일방적으로 강압하고 밀어붙인다고 항의했다.

나는 딸아이의 말에 수긍이 되지 않았다. 그보다는 이 아이에게 도대체 무슨 일이 있었기에 이렇게 변해 버렸나 싶어서 어느 날인가는 아이의 일기장을 몰래 훔쳐보기까지 했다.

본래 딸아이는 글쓰기를 좋아할뿐더러, 창의적인 글쓰기를 통해 자기 마음을 털어놓곤 했다. "오늘은 마음이 슬펐다"라는 표현 대신, "디모데야, 내 마음이 슬프구나" 식으로 일기를 썼던 것이다. 나는 딸이 요즘 무슨 생각을 하는지, 내 말을 어떻게 받아들이는지 알고 싶었다. 다행인지 불행인지 일기장에는 내가 찾는 내용이 빼곡히 적혀 있었다.

나는 아버지를 미워한다. I hate Daddy!

매일 자신을 야단치고 단속하는 아빠에 대해 딸아이의 미움이 얼마나 극에 달했던지 'daddy'라는 단어도 소문자 대신 대문자로 크게 쓰여 있었다. 일기를 계속 보고 있자니 열이 뻗쳐 하마터면 소리를 지를 뻔했다. 그 며칠 전 일기에는 "누구누구와 데이트를 하며 밤길에 손을 잡았다"는 내용까지 있어 더 화가 났다.

'내 이럴 줄 알았어!'

일기를 읽다가 분을 삭이지 못한 나는 아내에게 달려가 모든 사실을 말하며 씩씩거렸다.

"여보, 그건 이 아이가 자기감정을 일기에 토로한 거지 당신을 욕한 게 아니에요. 남자아이들 같으면 아빠한테 혼나고 자기 방에 가서 의자 부수고 그럴 텐데, 이 아인 일기를 쓰며 감정을 토로한 것인데 그걸 가지고 당신이 이렇게 열 받아 하면 안 되지요. 어린아이처럼."

제발 좀 진정하라는 듯한 아내의 차분한 말을 듣고서도 화는 좀체 가라앉지 않았다. 그래서 다음날에도 딸아이에게 '네가 이러니까 내가 이러는 거야'라는 식의 논리로 조목조목 따지고 들었다. 그러다 말싸움 끝에 일기장을 본 사실이 엉겁결에 드러나서 그 뒤로는 아이의 일기장을 마음 놓고 볼 수 없게 되었다. 아이가 없을 때 몰래 일기장을 보려고 아이 방에 가면, "내 일기를 함부로 읽지 마세요."(Don't dare to read my diary)라고 씌인 종이가 일기장 위에 놓여 있었기 때문이다.

이래저래 도저히 아이를 이길 수 없다는 사실이 명백해지면서 나의 좌절은 깊어만 갔다. 이러다 아이가 한순간에 잘못되면 애써 쌓아 온 우리 가정이 송두리째 무너질 것만 같은 노파심에 시름이 깊어 갔다.

오랜 고생 끝에 미국에서 성공한 마취과 의사가 되었고, 수영장이 딸린 넓은 저택에서 살게 되었으며, 교회에서도 일찌감치 장로 장립까지 받은 그 시절, 나는 매일같이 큰딸과 전쟁을 치르는 통에 어느 때보다 괴로운 시간을 보내고 있었다. 너무 괴로워 옛날처럼 가난한 심령으로 주님 앞에 무릎을 꿇었다. 돈도 명예도 부럽지 않게 모두 이룬 것 같던 그때에 나는 큰딸 때문에 다시 애통한 마음으로 하나님 앞에 엎드렸다.

딸을 위해 아침저녁으로 드리는 작정기도는 6개월 동안 계속되었다. 어떤 날은 산기도까지 감행하며 딸의 변화를 위해 부르짖었다. 순종하는 딸, 대학에 가기 전까지는 공부에만 전념하는 딸, 하나님께 기도하고 하나님 말씀대로 인도함 받으며 살아가는 착한 딸이 되게 해 달라는 나의 간구는 끝이 없었다.

그러기를 6개월, 하루는 사랑에 대한 고린도전서 13장 말씀을 묵상한 후 하나님께 딸아이를 변화시켜 달라고 부르짖는데 그날따라 마음이 더욱 간절해졌다. 대학 시절에 나를 찾아와 변화시키신 하나님이라면 우리 딸도 능히 변화시키실 거라는 믿음으로 하나님께 딸의 변화를 구하고 또 구했다. 그런데 어느 순간, 하나님의 손길이 내 마음의 굳은살들을 만지시는가 싶더니, 그분의 조용하고도 잔잔한 음성이 내 안에 물결처럼 퍼져 나갔다.

"변화되어야 할 사람은 네 딸이 아니라 바로 너란다!"

그간 내가 간구하던 내용과 상반되는 듯한 이 음성에 나는 잠시 어리둥절했다. 그러나 이 음성이 하나님께로부터 왔다는 데에는 의심의 여지가 없었다. 그분의 마음, 그분의 성품, 그분의 뜻이 곧 깨달아지면서 굳었던 내 마음이 눈물로 녹아내렸다.

"네가 변화되어라. 이제 눈을 떠라. 너 때문에 두려워하고 무서워하는 네 가족을 봐라."

내 속에서 들려오는 하나님의 말씀에 나는 그 옛날처럼 하나님 앞에 고꾸라졌다. 뭐가 문제인지도 모르는 내 사고체계가 무너지기 시작했다.

'딸아이가 아니라 내가 문제였다니, 가정을 세우기 위해 변화되어야 할 사람이 나였다니…'

참으로 뜻밖이면서도 충격적인 그분의 음성에 나는 내가 어떤 아버지, 어떤 남편인가를 차분히 생각해 봤다.

'나 박수웅이야말로 둘도 없이 좋은 아버지, 멋진 남편이지. 돈

도 잘 벌어다 주고 가정적인데다가 가족을 위해 헌신적인 이 시대의 자상한 아버지요 남편상이 아닌가.'

나는 나 자신을 이렇게 추켜세우고 있었기에 그토록 완벽한 내게 반항하는 딸아이를 도무지 이해할 수 없었다. 그런데 하나님의 생각은 내 생각과 완전히 달랐다. 변화되어야 할 사람은 바로 나 자신임을 지적하셨으니 말이다.

하나님의 이 같은 음성 앞에서 내가 생각했던 내가 아니라 다른 사람들이 보는 객관적인 나를 살펴봐야겠다고 생각했다. 그러자 퇴근한 후 집에 돌아온 아빠요, 남편으로서의 진짜 내 모습이 보이기 시작했다.

그동안 나와 더없이 잘 맞는다고 생각한 아내의 태도에서부터 내가 어떤 사람인지가 드러났다. 아내는 퇴근하고 돌아온 내게 밥을 차려 주더니 어디론가 슬그머니 사라져 버렸다. 애들이 옆에서 놀고 있기에 "애들아 뭐 하고 있냐?"고 묻자 한 사람씩 위층으로 올라가 버렸다. 그래서 나도 따라 올라갔더니 모두 아래층으로 내려와 버렸다.

아…! 그제야 나는 나만 모르던 진실을 대면하게 되었다. 가족은 내 곁에 있다가는 뭔가 벼락 맞을 일이 생길지도 모른다는 생각에 모두 나를 슬금슬금 피하고 있었던 것이다.

'이것이었구나. 내 모습이.'

진실과 대면하고 나서 나는 털썩 주저앉아 회개의 눈물을 쏟았다. 나는 그동안 재력과 명예와 신앙까지 갖춘 나로 인해 우리 집이 제대로 세워져 가고 있다고 착각하며 살았다. 나로 인해 오히려 우리 집이 망가지고 있음을 나만 몰랐던 것이다. 한없이 부끄러워진 나는 이제 정말 변해야겠다고 결심했다. 아내와 딸아이에게서 보이는 쓴 뿌리들도 내가 변하지 않는 이상 치료될 수 없다는 사실과도 직면했다.

그런데 그때, 하나님께선 내게 한 가지 깨우침을 주셨다. 정말 변해야겠다고 생각한다면 이제부터라도 가정을 잘 세우기 위해 남편으로서, 아버지로서 진짜 실력을 쌓아야 한다는 깨우침이었다.

그러고 보니 나는 언제나 주님께 "실력은 없지만 주님을 사랑하고 열정과 열심이 있으니 나를 사용해 주십시오"라고 기도해 왔다. 하지만 실력을 갖추지 않은 채 열정과 열의만으로 가정을 이끌 경우 독재자가 될 가능성이 높았다. 칼을 쓰는 실력도 갖추지 않은 채 이기겠다는 열정만으로 부하들을 싸움터에 이끌고 나간다면 백전백패하는 무능력한 장수가 될 수밖에 없다. 전장에서 피를 철철 흘리며 죽어 가는 부하들을 빤히 보면서도 조국을 위해 싸웠노라고 허세를 부리는 무능한 장수가 될 수도 있다.

내가 바로 그런 사람이었다. 아내와 자식을 사랑하는 마음은 끔찍했지만, 그들이 무엇을 원하는지, 무엇을 인정하고 격려해야 하는지, 각자의 개성과 성품을 어떻게 개발할 수 있는지에 대해서는 아무것도 몰랐다. 그저 열심히 해보자며 무작정 칼을 휘둘렀을 뿐이었다. 그래서 나는 실력을 쌓기 위한 작업에 돌입했다. 가정과 자녀 교육에 대한 책을 구입해 박사 논문을 써도 좋을 만큼 깊이 연구했다. 마치 나는 의사 시험을 준비할 때처럼, 간절히 기도하며 가정 사역에 관한 다방면의 공부에 무섭도록 몰두했다.

이것이 내가 훗날 가정 사역자로 쓰임 받게 된 배경이다. 남편으로서, 아버지로서 형편없는 실력을 갖고 있었기에 공부하기 시작했고, 공부한 내용을 가정에 적용하고 실천하면서 우리 가정은 차츰 달라지기 시작했다.

물론 공부한 내용을 실전에 적용하는 일은 공부보다 몇 배나 어려웠다. 하지만 아무리 어려운 싸움이라도 하나님과 함께하는 협동 작전이었기에 공부가 이론에 그치지 않고 실재를 이루는 바탕이 되어 주었다. 그 덕분에 믿음의 3대, 4대가 살아가는 우리 집의 풍경은 밖으로는 견고하게 안으로는 좀 더 따뜻하게 펼쳐지고 있었다.

은혜

하나님의 양육 방식대로 하기

"변화되어야 할 사람은 딸이 아니라 바로 너란다."

딸과 치열하게 갈등하던 무렵, 하나님께서 주신 이 음성은 감겨 있던 내 눈을 뜨게 만들었다. 덕분에 나는 좋은 아버지로 변화되기 위해 무던히도 몸부림쳤다. 만약 그 몸부림이 나 혼자만의 것이었다면 얼마나 외롭고 막막했을까.

하지만 내게는 인생의 멘토이자 아버지이신 하나님이 계셨다.

그분께 묻고 상의할 수 있었기에 나는 외롭지 않은 길을, 그것도 방향을 바르게 찾아서 걸을 수 있었다.

하나님께서 내게 주신 첫 번째 행동 지침은, 딸아이에게 일방적인 교육 방식을 강행한 것에 대해 용서를 구하는 것이었다. 사랑해서 한 행동이라고 합리화할 수도 있지만 동기야 어떻든, 아이에게는 상처가 될 수 있었다. 한 번은 정식으로 이 문제를 짚고 넘어가는 게 필요했다.

"나는 너를 무척이나 사랑한단다. 그러나 내가 너를 사랑하는 방법을 잘 몰라서 내 식대로 사랑했다. 그래서 네게 상처를 입혔다. 미안하구나. 아빠를 용서해라…."

나는 진심을 담아 아이에게 사과했다.

만약 우리 세대 같으면 부모가 이 정도로 간곡하게 사과하면 그게 무슨 말이냐고, 다 부모님이 나를 사랑해서 그러신 거 아니냐며 오히려 미안해하며 극적으로 화해할 법하지만, 딸아이는 그러지 않았다. 여전히 마음속 억울함이 해소되지 않은 듯 볼멘 표정으로 나를 바라볼 뿐이었다. 딸은 나와 다른 세대를 사는, 미국식 사고방식에 익숙한 아이였던 것이다. 만약 내가 하나님 앞에 진짜 변화되지 않았다면, 딸아이의 그런 반응에 예전처럼 욱해서 또다시 훈계를 늘어놓았을지도 모른다.

그러나 나는 이제, 내 잘못이 무엇인지를 진심으로 깨달은 새사람이었다. 상대방의 반응이 어떠하든지 예전과 다른 변화된 모습을 보여야 마땅했다. 자고로 참된 양육과 교육에는 기다림이 필요한 법이니까.

새롭게 변화된 나만의 교육 방식을 한마디로 말하면 '룸(room)을 넓혀 주는 일' 즉, 허용 범위를 넓혀 주는 것이었다.

예전에 나는 아이가 혹여 넘어질까 염려돼 내가 설정한 안전지내에서 절대 벗어나지 못하게 강제했다. 그러나 달라진 나는 아이가 넓은 땅에서 자유롭게 뛰어다니도록 허용해 주기로 했다. 사람은 누구나 실수를 통해 배우고 성장하지 않는가. 넘어져서 조금 다치더라도 그런 경험을 통해 스스로 배울 수 있도록 울타리를 터 줄 필요가 있었다. 아이는 스스로 경험하면서 책임감도 배우게 될 것이었다.

다만, 자칫 방종이 되어 아이가 넘어져서 다시는 일어나지 못하는 일이 없도록 부모는 하나님을 닮은 성숙함과 노련함으로 지켜봐야 한다. 즉, 아이가 자신이 지켜보고 있다는 사실조차 깨닫지 못할 만큼의 노련함으로 지켜보는 것이다. 그래서 나는 미성숙한 나로서는 그리할 수 없으니 하나님의 완전한 양육 방식을 닮을 수 있게 해달라고 기도하며 아이를 양육했다.

내가 닮고 싶은 하나님의 양육 방식이란 다름 아닌 '은혜'였다. 율법에 눌리고 실수할까 두려움에 눌려서 아무것도 못하는 내게, 그분은 은혜라는 이름으로 다가와 나를 완전히 녹이셨다. 그분은 우리를 로봇처럼 일방적으로 조종하지 않으시고, 오히려 자유의지를 주셔서 하나님께서 내미시는 구원의 손을 우리 스스로 붙잡을 때까지 오래 참고 기다리는 분이었다.

나는 그와 같은 하나님의 사랑과 은혜를 아버지로서 딸에게 베풀고 싶었다. 사람은 은혜와 사랑 안에 거할 때라야 참된 변화와 성장을 하게 된다는 걸 새삼 되새기게 된 것이다. 그래서 나는 아이의 '눈높이'와 '기준'을 존중하며 교육하는 아버지, 먼저 아이 편에 서서 아이가 원하는 것을 읽어 주는 아버지가 되리라 결심했다.

그 일환으로 나는 딸아이만 보면 언제나 먼저 안아 주고 다독여 주었다. 스킨십을 통해 부모의 사랑을 확인하고 싶어 하는 아이의 마음이 읽혔기 때문이다. 화장을 한 아이에게 예쁘다는 칭찬도 자주 해 주었다. 성적을 받아 오면 "이러저러한 과목은 좀 더 분발해라"는 지적 대신 "잘하고 있다"는 칭찬만 쏟아 놓았다.

하지만 이미 틀어진 관계가 하루아침에 정상으로 돌아온 것은 아니었다. 아무리 달라지기로 마음먹었어도, 나는 나를 쏙 빼닮은 딸아이와 사사건건 부딪쳤고 그때마다 부녀 간의 높아진 언성이 온 집안에 울렸다. 그러면 아내가 지혜롭게 중재에 나서 줬다. 이때 필요한 것이 부부의 일치된 반응이다.

"당신하고 재하고는 얘기하기 시작하면 불과 불이 부딪쳐서 대참사가 일어날 것 같아 안 되겠어요. 그러니 이젠 말로 하지 말고 편지로 교제하면 어떻겠어요?"

아내의 말을 듣고 보니 과연 일리가 있었다. 얼굴을 대면해서 말하다 보면 감정적으로 격앙되어 서로를 자극하게 되고, 그러면 진심은 왜곡된 채 서로 상처를 내기 바빴다. 아내의 말을 따르기로 했다.

아니나 다를까, 딸아이와 나는 편지를 왕래하면서부터 서로에게 감동하기 시작했다. 아빠에게 보내는 딸아이의 편지는 나를 인자하고 자상한 아버지가 되도록 이끌었다.

"이 세상에서 단 하나밖에 없는 사랑하는 아빠께."

퇴근하고 온 어느 날 저녁, 내 책상 위에 살포시 놓여 있는 딸아이의 편지에는 위와 같은 문구가 적혀 있었다. 희한한 일이었다. 그냥 '아빠께'라고 썼으면 무덤덤하게 편지를 읽어 내려갔을 텐데, '이 세상에서 단 하나밖에 없는 사랑하는'이라는 수식어가 붙으니 벌써 내 마음이 녹아 버렸다. 무슨 부탁을 하려는지 몰라도 내 마음은 이미 들어줄 준비가 되어 있었다.

"아빠, 저는 학교에서 돌아와 숙제도 끝냈고 공부도 다 끝냈어요. 동생들 숙제하는 것도 봐 주었고, 엄마 일도 도와 드렸어요. 기쁘시죠? 그런데 아빠, 오늘밤 제 친한 친구 ○○의 생일 파티가 있어서 저도 거기 가고 싶어요. 원래는 새벽 2시까지 파티를 하기로 했는데 저는 아빠가 염려하실 게 걱정돼 밤 11시까지는 돌아올게요. 그러니 아빠도 저를 믿어 주시고 허락해 주세요. 저는 거기 가서 결코 나쁜 짓 하지 않아요."

그러면서 딸은 다음과 같은 말을 덧붙였다.

"참, 친구 선물을 사려면 5불이 필요해요. 5불만 주시면 안 될까요? 아빠, 저를 믿어 주세요. 저는 조신하게 잘 행동하고 돌아올 거예요. 아빠, 사랑해요. 이 세상에서 단 하나밖에 없는 딸이 사랑하는 아빠께 드립니다."

아빠의 마음을 녹이는 딸의 편지를 읽으니 딸에 대한 믿음이 안 생길 수가 없었다. 당장 아이의 방으로 찾아가 말했다.

"얘야, 다른 친구들은 새벽 2시까지 파티를 즐기는데 왜 너만 11시에 오려고 하니? 너무 이르다. 12시까지 놀다가 와라."

내 말에 아이의 눈이 휘둥그레졌다. 예전 같았으면 "뭐? 11시? 어림도 없어. 적어도 10시까진 들어와야지"라고 했을 텐데, 도리어 귀가 시간을 1시간이나 늦춰 준 것이다. 나는 딸아이를 꼭 껴안아 주며 이렇게 말했다.

"나는 너를 믿어. 너는 사랑하는 내 딸이야."

자신을 믿는다는 아빠의 말에 딸아이는 환한 미소를 지어 보였다.

"참, 선물을 사야 한다고 했지? 5불 달라고? 에이, 5불은 너무 적다. 내가 20불을 줄 테니까 5불은 선물 사고 나머지는 네 용돈 써."

"와! 아빠, 정말요? 아빠, 알러뷰."

관계의 골은 상대방을 믿어 주고, 또 그 믿음에 대해 책임감 있게 반응하는 모습이 쌓일 때 메워지는 법이다. 또한 이런 관계가 되도록 먼저 시도하고 기다리며 기도해야 하는 사람은 부모다. 먼저 부모가 변할 때 자식도 변할 수 있고, 자식의 변화가 성장으로 이어질 때 그 가정이 명문 가정으로 세워질 수 있기 때문이다.

그 시절, 딸아이와 생긴 골을 그렇게 메워 갔다. 내가 먼저 달라지겠다며 하나님 앞에서 진심으로 회개한 그날 이후, 딸아이의 정서는 차츰 안정되어 갔을 뿐 아니라, 세상을 지혜롭게 헤쳐 나가려는 의지와 책임감도 커져 갔다. 학업에서도 뛰어난 성취력을 보였고, 비전을 향해 내딛는 걸음도 한층 집중력이 더해졌다.

그렇게 딸아이와 성공적인 관계 개선을 경험하면서 인간적이기만 하던 내 마음 안으로 하나님 아버지의 마음과 지혜가 점점 더 밀려들어 온 것 같다. 미숙하기만 하던 내가 차츰 성숙함과 노련함을 갖춘 실력 있는 아버지로 성장했으니 말이다.

예전에 비해 내가 꽤 성숙해졌고 노련해졌다는 사실을 깨닫게 된 것은, 고등학생인 막내아들이 자동차 사고를 냈을 때였다. 그것도 내 차로 말이다.

"아빠, 큰일 났어요. 사고가 나서 아빠 차가 완전히 망가졌어요."

허락을 받고 내 준 차이긴 했지만, 아끼며 쓰던 차가 완전히 박살났다는 건 충격적인 일이었다. 하지만 아들만 무사하다면 그건 아무래도 괜찮았다.

"그래? 너는 어떠냐?"

"저는 괜찮아요. 같이 타고 있던 친구도 괜찮고요."

"그래, 다행이네. 그럼 차는 수리소에 맡기고 너는 얼른 집에 오거라."

나는 아버지를 닮아서 검소함이 몸에 배어 있는 사람이다. 아무리 돈을 많이 벌어도 명품을 사 본 적이 없고, 10불, 20불짜리 물건을 사도 몇 년 동안 살뜰히 사용했다. 그래서 이런 상황이 닥치면 나도 모르게 "조심했어야지" 하거나 "자동차 아까워서 어떡하냐?"는 말이 나올 법했다.

그런데 집으로 돌아온 막내아들을 본 순간 내 입에서는 뜻밖에도 전혀 다른 말이 흘러나왔다. 그날은 마침 부활절이었다.

"명진아, 아무것도 염려하지 마라. 아빠가 보험을 다 들어 놔서 뒤처리하는 데 문제될 게 없어. 아빠는 네가 건강한 몸으로 돌아온 것만으로 너무나 고맙다. 넌 내 소중한 아들이잖아. 마침 오늘은 예수님이 부활하신 날을 기념하는 부활 주일이야. 명진아, 너는 예수님이 왜 죽으시고 부활하셨는지 알지? 내 죄 때문에, 네 죄 때문에 우리가 받을 벌을 대신 받으시고 우리에게 자유를 주시기 위해 죽으시고 부활하셨잖아. 명진이가 차 사고를 냈어도 아빠가 보험회사를 통해 뒤처리를 하면 아무 문제없듯이, 예수님이 우리 죄에 대한 뒤처리를 다 해 주셨어. 그리고 우리에겐 자유를 주셨지. 그러니까 염려나 죄책감을 갖지 말고 이제 자유해라. 예수님이 우리를 위해 부활하셨단다."

예수님의 부활하심에 감사드린다는 아빠의 진심 어린 말에, 그늘진 막내아들의 얼굴빛이 금세 환해졌다. 예수님의 십자가 복음을 받은 자의 삶에 왜 감사와 기쁨과 자유와 책임이 따라야 하는지에 대해서도 생각하는 눈치였다.

나의 변화로 우리 가정은 이렇듯 하나님의 은혜의 강가로 더 가까이 갈 수 있었다. 그 은혜의 강물에서 헤엄치는 동안, 우리 집 창가로 봄바람이 불어왔고, 세 아이들은 미래에 다가올 계절을 준비하며 어린 감람나무처럼 자라 갔다.

친밀함

자녀와 특별한 날을 만들라

프랜시스 쉐퍼의 아내인 이디스 쉐퍼는 "가정은 추억의 박물관이다"라고 말했다. 그녀의 표현대로 부모와 자녀가 가정 안에서 아름다운 추억을 만드는 '관계'가 될 때, 가정은 비로소 천국의 모형이 되는 것 같다. 천국에 가면 하나님과 우리가 아버지와 자녀로서 친밀한 사귐의 관계를 영원토록 누릴 수 있으니 말이다.

그런 면에서 천국의 모형으로 세움 받은 가정이 명문 가정이 되려면 부모와 자녀 간에 은혜와 사랑의 사귐이 충만히 흘러야 한다. 은혜 없는 관계 속에 존재하는 비전이나 사명은 자칫 독재자의 환상에 불과할지도 모른다. 하나님께서 주시는 비전과 사명은 은혜의 관계 속에서라야 비로소 사명답게 완성될 수 있다.

나는 관계성에 눈을 뜨고 나자, 가정의 비전이 비전다워지려면 무엇보다 가족 간에 신뢰를 쌓아야 함을 깨달았다. 그래서 나는 매달 아이들과 '스페셜 데이'를 갖게 되었다.

스페셜 데이. 이는 한 달에 한 날을 정해서 세 아이 중 한 아이와 데이트를 즐기는 것을 말한다. 그때까지 이민자로서 바쁘고 고단한 삶을 살고 있었지만, 나는 첫째 달엔 큰딸, 둘째 달엔 큰아들, 셋째 달엔 작은아들과 즐기는 이 특별한 데이트를 위해 모든 일정을 조절하는 데 주저하지 않았다. 스페셜 데이의 모든 코스도 친밀함을 목적으로 정해 놓았다.

일단 아이와 집을 나서면 아이가 평소 먹고 싶어 하던 음식점에 들어가 무조건 아이가 원하는 식사를 했다. 그렇게 식사를 마치면 아이의 이야기를 무조건 들어준다. 아이는 학교생활과 친구 관계, 교회 생활, 가정생활에서 일어난 시시콜콜한 이야기를 하며 앙금이 된 상처도 쏟아 놓는다. 이때 나는 한 가지 원칙을 정해 놓고 아이의 말을 들어주었다. 이날만큼은 아이가 뭐라고 하든 훈계조로 아이를 가르치지 않는 것이다. 그저 처음부터 끝까지 "그랬어?", "그랬구나"라며 공감해 주고 경청해 준다. 그래서 스페셜 데이다.

그렇게 얘기가 끝나면 우리는 손을 잡고 장난감 가게로 향한다. 그런 다음 20불 내에서 아이가 사고 싶은 장난감을 고르게 한다. 아이들은 석 달에 한 번 돌아오는 이 스페셜 데이에 무엇을 살까 미리 점찍어 두었기 때문에 신이 나서 물건을 골라 온다. 자신의 장난감을 고른 뒤에는 집에 남아 있는 형제들을 위해 소박한 선물도 고른다. 이 때문에 집에 돌아가면 가족은 선물을 풀어 보며 얼굴에 웃음꽃이 한바탕 피어오를 수 있었다.

그런 시간이 얼마 동안이나 이어졌을까? 어느 날 문득 가족을 둘러보니 마치 하나님과 내가 그러하듯, 가족 간에 친밀감과 신뢰가 돈독해졌음을 발견할 수 있었다. 아빠와는 도대체 말이 안 통한다면서 냉담하게 굴던 아이들도, 아빠의 특별한 사랑에 목이 말랐던 아이들도 어느샌가 그 입술에서 불평불만이 사라지고 따뜻한 말들을 하고 있었다.

물론 그것이 꼭 '스페셜 데이' 때문이었다고는 말할 수 없다. 보다 사실적인 표현을 쓰자면 내가 변하면서부터 우리 가정 안에 대화의 물꼬가 트였기 때문이라고 하는 게 맞을 것이다. '스페셜 데이'는 그와 같이 소통하는 우리 가정의 모습을 단편적으로 보여 준

날이라 할 수 있다. 말하자면 나는 대화하는 가족, 소통하는 가족이 되기 위한 한 방편으로 이 스페셜 데이를 가졌던 것이다.

사실 우리 부부는 아이들이 어릴 때부터 사소한 것 하나도 서로 의논하며 대화의 물꼬가 막히지 않도록 주력했다. 가령 자동차를 살 때도 내가 알아서 사 버릴 수도 있지만, 아이들과 의논하며 얘기하기를 즐겨 했다. "아빠가 이번에 차를 사려고 하는데, 너희들은 어떤 차가 좋은 것 같니?"라고 물어보며 가정의 이슈를 함께 공유했다.

'스페셜 데이'처럼 아이들과 함께하는 시간이 많아지면 많아질수록 대화의 물꼬는 시원하게 트이게 된다. 자녀들과 함께 여행을 가거나 운동을 하는 등 몸으로 부딪쳐 함께하는 시간이 많아지면 서로 간에 대화가 잘 통할 수밖에 없다.

여기에 덧붙여 우리 집에선 아내의 역할이 중요했다. 아이들이 중요한 물건을 사고 싶어 한다든지 진로 문제로 고민할 때, 아내는 아이들에게 "아빠와 의논해 보렴. 아빠가 잘 안내해 주실 것 같은데?"라는 말로 아빠와 아이들의 대화를 열어 주곤 했다. 그렇다 보니 부모와 자녀 사이에 소통의 길이 더 활짝 열렸고, 아빠인 내가 하는 말에는 더욱 힘이 실리게 되었다.

가족 간에 소통이 잘 이루어질 때 공동의 가족 비전을 말하고,

사명을 가르치는 아빠의 말을 자녀들이 쏙쏙 흡수하게 된다. 이렇듯 우리 가족이 하나가 되면서부터 하나님 나라를 꿈꾸며 달려가는 일에 어느덧 모두가 마음과 뜻을 모으게 되었다.

이정표

자녀의 배우자, 중요한 기준은 무엇인가?

빨리 커서 훌륭한 사람이 되라는 아버지의 뜻을 따라 여섯 살에 초등학교에 입학한 나는, 남들보다 두 살 빠른 18세에 이미 대학생이 되었다. 그리고 대학생이 됨과 동시에 "배우자를 위해 기도하며 준비하라"는 어느 목사님의 권면을 듣고 깊은 감동을 받아 향후 6년간 '배우자를 위한 여섯 가지 기도'를 집중적으로 드렸다.

"믿음으로 살고 영육 간에 건강하며, 지혜를 따라 행하고, 대화가 잘 통하는 친구 같으며, 나와 비전이 같아서 평생 같은 방향을 바라볼 수 있는 사람"이 내가 하나님께 간구한 배우자상이었다. 이 배우자상을 놓고 기도하며 날 위해 준비하신 배우자를 서로가 만날 때까지 하나님께서 지키시고 보호하시며 인도해 달라는 기도도 빼놓지 않았다.

내가 6년 동안 배우자를 위한 기도를 한 것은, 나를 창조하신 하나님이야말로 내게 가장 잘 맞는 사람을 만나게 하실 수 있는 유일한 분이라고 믿었기 때문이다. 물론 기도만 한 것이 아니라 주변을 둘러보며 나의 배우자를 찾는 일에도 열심을 냈다. 그러나 결혼이라는 관문을 통과할 때 내가 모든 것을 결정하기보다는 하나님의 인도하심과 결재를 기꺼이 받고 싶었다. 내 인생에서 가장 중요한 배우자를 만나는 일에 있어 하나님의 인도하심을 즐겁고 감사하게 받고 싶었던 것이다.

무엇보다 가정은 결코 혼자 힘만으로는 튼튼하게 세울 수도, 지켜 나갈 수도 없음을 나는 잘 알고 있었다. 믿음과 지혜의 여인을 만나게 해 달라고 간절히 기도한 이유도 그 때문이었다. 결혼생활이란 연약한 두 사람이 사랑으로 함께 부축하고 일으켜 세우며 수많은 산들을 넘어가야 하는 여정이 아니던가.

그래서 나는 사랑이라는 감정을 느끼되, 현실의 토대 위에서 하나님 나라와 그의 의를 함께 구하며 가정을 세워 나갈 수 있는 신실한 사람을 찾고 싶었다. 사랑은 감정의 작용으로 시작되지만, 결혼생활의 열매는 현실이라는 토양 위에서 농사를 지을 때 거둘 수 있는 법이다. 그러므로 현실을 헤쳐 나가는 데 있어 가장 중요한 덕목인 배우자의 신앙과 지혜, 비전을 놓고 기도하지 않을 수 없었다.

그 대신 나는 아내가 될 자매의 얼굴이나 직업, 집안, 경제력 따위의 외적 조건을 위해서는 전혀 구하지 않았다. 외적인 조건은 살아가면서 얼마든지 변할 수 있거니와, 무엇보다 하나님께서 기준으로 삼으신 것이 더 좋고 아름다울 거라는 믿음이 내 안에 확고히 있었다. 외모보다 중심을 더 보시는 하나님께서는 외적인 조건이나 유혹을 따라 무엇인가를 선택한다면 아직 예수님을 만나지 못한 옛사람과 다를 바 없다고 성경을 통해 말씀하셨다.

> 오직 너희는 그리스도를 그같이 배우지 아니하였느니라 진리가 예수 안에 있는 것같이 너희가 참으로 그에게서 듣고 또한 그 안에서 가르침을 받았을진대 너희는 유혹의 욕심을 따라 썩어져 가는 구습을 따르는 옛사람을 벗어 버리고 오직 너희의 심령이 새롭게 되어 하나님을 따라 의와 진리의 거룩함으로 지으심을 받은 새사람을 입으라 _엡 4:20-24

그런데 훗날, 나는 가정 사역자로 섬기던 중 이 말씀을 다시 떠올리게 하는 이메일을 받게 되었다. 어떤 교회 청년부 회장과 결혼을 약속한 한 자매의 상담 메일이었다.

내용인즉, 신앙이 좋고 건실하며 비전까지 같은 한 청년을 사랑하게 된 자매가 결혼 허락을 받기 위해 엄마에게 청년을 소개했는데, 엄마가 펄쩍 뛰며 결혼을 반대한다는 것이었다.

"신앙 좋고 사람 좋으면 뭐 하니? 직업이 변변찮아서 돈을 많이 못 벌잖아. 가진 돈도 없고 일류 대학을 나온 것도 아니면서 직장마저 일류가 아니면 어떻게 살려고 해? 이 결혼 절대 못 해! 너 결혼하면 고생할 게 뻔해."

엄마의 완강한 반대에 부딪친 자매는 답답한 마음에 엄마의 반대를 무릅쓰고라도 결혼을 강행해야 할지, 아니면 엄마의 말씀을 따라야 할지를 내게 물어 왔다. 그런데 메일의 맨 마지막 문장이 나를 놀라게 했다.

> 엄마도 그 청년의 신앙과 됨됨이는 인정하지만
> 이 결혼은 결사반대라고 하십니다.
> 어떻게 해야 할까요?
> 우리 엄마는 우리 교회 전도사님이십니다.

자매의 글을 보고 적잖이 놀란 나는 이렇게 답장을 보냈다.

> 결혼에 앞서 가장 중요한 것은
> 자매의 어머니에게 복음을 전하는 것입니다.
> 어머니가 신학교는 나왔을지 몰라도
> 예수님을 모르고 하나님을 모르시네요.
> 완전히 세속적인 생각에 갇혀 있습니다.
> 그렇다고 어머니와 싸우라는 말은 아닙니다.
> 어머니를 설득하고 기다려야 합니다.
> 그리고 그 방법은 예수님의 진짜 복음을
> 어머니에게 전하는 것입니다.

우리는 하나님께서 인생의 주인이시고, 생사화복을 주관하시는 인도자라고 입버릇처럼 말하면서도, 현실 문제가 닥치면 하나님의 말씀보다는 돈이나 학력, 인맥, 권력을 더 의지하며 사는 경우가 많다. 자녀는 부모가 세상적 가치관을 가지고 신앙 생활하면 위선을 느낀다. 이것은 한 사람이 두 주인을 섬길 수 없나니 너희가 하나님과 재물을 겸하여 섬기지 못한다[마 6:24]는 말씀이 무엇인지를 보여 주는 모습이다. 즉, 중요한 관문을 넘을 때마다 하나님의 기준으로 문제를 풀어 가는지 혹은 돈이나 권력을 기준으로 문제를 풀어 가는지에 따라 그 사람이 진짜 주인 삼고 있는 대상이 드러난다는 것이다.

그런 면에서 부모는 자녀들이 어떤 기준으로 배우자를 선택할지, 또 자녀 자신이 어떤 배우자로 준비되어야 할지에 대해 성경적인 관점을 갖고 있어야 한다. 나 역시 이 부분에 있어 실패와 성공을 반복했다. 그리고 자녀들이 믿음을 가진 성숙한 배우자를 만나 가정을 이뤄야만 자녀 자신도 행복하고, 그 가정도 거룩하게 세워 갈 수 있다는 걸 거듭 확인할 수 있었다. 특히나 배우자를 선택하는 문제는 아무리 부모가 옆에서 코치를 해 줘도 결국은 자녀 자신이 결정하기 때문에, 부모는 자녀들이 어릴 때부터 좋은 부부의 모델을 제시해야 하고, 또 부모 자신이 좋은 모델이 되어야 한다. 동시에 하나님께서 예비하신 배우자를 찾을 수 있는 안목을 길러 줘야 한다. 자녀들이 세상의 기준이 아닌, 성경의 기준에 맞는 배우자를 만나 명문 가문을 이루도록 하는 일에 부모는 거울이 되고 선생이 되어야 한다. 우리 자녀들이 어떤 배우자를 만나느냐의 문제는 결국 어떤 가정을 세우느냐로 직결되기 때문이다.

사랑

자녀가 고난당할 때 무조건 사랑하라

"Daddy, You have to say, yes!"(아빠, '예'라고 말해야 해요.)

큰딸이 변호사로 활동하며 한창 주가를 올리던 무렵, 결혼하고 싶은 사람이 생겼다면서 남자친구를 데려왔다. 첫아이인데다 딸자식인 터라 사윗감을 보는 아빠의 안목은 까다로울 수밖에 없었다. 딸도 그런 아빠를 만족시킬 수 없다는 걸 알았던지, 남자친구를 인사시킬 때부터 무조건 허락해 달라고 생떼를 썼다. 그 아이가 어렸을 때 내가 종종 말하던 "You have to say, yes!"를 내게 들이대면서.

그 시절 나는, 세계 어디를 가든 청년들에게 제법 인기가 많은 이성교제 강사였다. 전 세계를 다니며 부부 세미나도 하고 있었다. 이것은 곧 여자와 남자가 만나 한 가정을 이룰 때 두 사람이 점검하고 준비할 것이 무엇인지를 나만큼 잘 아는 사람도 드물다고 자신하던 때였음을 의미했다.

그 기준으로 두 사람을 보니 우려될 만한 것이 여럿 눈에 띄었다. '서로 같은 신앙 고백을 하고 있는가?'와 같이 가장 기초적인 점검 사항에서부터 두 사람은 어긋나 있었다. 교회에서 만나 사랑을 키웠다고는 하지만, 딸의 남자친구에게는 예수님을 유일하신 그리스도로 고백하는 신앙이 없었다. 게다가 그의 가슴속엔 회복되지 않은 상처의 그림자들이 누적되어 있는 듯했다. 상처는 치유를 받으면 별이 될 수 있지만, 그렇지 않으면 독이 될 수 있다는 사실이 내 마음에 걸렸다. 아직 미숙한 두 사람이 평생을 서로 보듬고 용납하며 한 길을 갈 수 있을지 확신이 서지 않았다. "두 사람은 서로 어울리지 않는다"라는 말로 나의 입장을 밝힐 수밖에 없었다.

하지만 자식을 이길 부모가 있겠는가. 여러 번 반대 의사를 분명히 했는데도 딸은 논리적으로 반박하며 결혼을 강행하겠다고 고집했다. 나는 결국 "네 남자친구와 함께 주일예배와 성경공부에 계속

참여하고, 기독교의 기본 진리와 관련된 이 네 권의 책들을 읽는 조건으로 허락한다"는 말로 백기를 들었다. 그나마 그런 조건이라도 마지막 희망처럼 걸었던 것은 두 사람이 한 믿음 안에서 성숙해지면 행복한 결혼생활을 할지도 모른다는 마음에서였다. 딸아이의 행복! 그것 외에 부모가 자식에게 바라는 게 무엇이겠는가.

우려와 달리 결혼 이후 두 사람은 잘 지내는 듯이 보였다. 하지만 5년 차에 접어들면서부터 두 사람의 관계가 예전 같지 않더니 어느 날 사위가 "도저히 못 살겠다. 이혼하겠다"는 폭탄 선언과 함께 집을 나가 버렸다. 십대에 미국으로 이민 와서 언어 때문에 놀림받던 그의 상처와 열등감이 논리적으로 따지고 드는 딸과 갈등하다가 폭발해 버린 것이다.

두 사람을 다시 화해시키기 위해 우리 부부는 그를 만나 신앙 상담을 비롯해 관계 회복을 위한 상담을 시도했다. 하지만 믿음이 없는 그의 귀에 신앙적인 조언이 들릴 리 만무했다. 얼마 안 있어 그는 다른 여자와 동거하기 시작하더니 딸에게 이혼을 강경하게 요구했다.

"안 돼요. 이혼만은 할 수 없어요!"

지금껏 단 한 번도 좌절을 겪어 본 적 없는 딸에게 이혼은 그야말로 가슴에 찍힌 낙인이었다. 그러나 너무나 뼈아프지만 상대방이 강경하게 나오니 어쩔 수 없이 이혼에 합의하게 되었다. 이후 딸은 마치 죽을병이라도 걸린 사람처럼 한없이 가라앉았다.

"여보, 저러다 우리 아이가 잘못되기라도 하면 어떡하죠?"

눈물을 훔치며 딸아이를 걱정하는 아내의 가슴엔 멍이 시퍼렇게 들었다. 그러나 딸은 좀체 낙담의 수렁에서 헤어 나오질 못했다.

"아빠, 나 죽고 싶어요. 아빠, 나 어떡하면 좋아요?"

한국에서 가정 사역 세미나를 하러 다니다가 딸의 이런 절규를 듣고는 허겁지겁 미국으로 돌아왔다. 시간이 지날수록 우울증이 깊어지는 것 같으니, 무엇보다 치료를 적극적으로 받게 하고 가족 모두가 딸의 회복을 위해 힘을 모으자고 우리는 결의했다.

회복을 돕는 묘약은 사랑밖에 없었다. 우리가 길 잃은 양이 되었을 때, 이유야 어떻든 만사를 제쳐두고 우리에게 오셔서 사랑이라는 묘약으로 회복시키는 분이 주님이 아니시던가. 이제 나는 내 딸의 아버지로서 주님의 그 사랑의 빛을 조금이나마 투영하는 사람이 되어야 할 때였다. 딸아이를 보자마자 그 사랑의 마음으로 꼭 껴안아 줬다.

"딸아, 온 세상이 다 너를 버려도, 또 모든 사람이 다 너를 비난해도 아빠는 항상 네 편이고 너를 사랑한단다. 아빠는 항상 너를 보호할 거야. 이제 너는 아무 걱정 마라. 너는 나에게 단 하나밖에 없는 딸이야."

딸은 참았던 눈물을 펑펑 쏟았다. 나는 더욱 힘 있게 딸을 안아 주었다. 만일 내가 주님이 어떤 분인지 모르는 사람이었다면, 그렇게 날마다 딸을 안아 주지 못했을 것이다. "내 그럴 줄 알았다. 그러게 내가 그 사람은 네 배우자감이 아니라고 하지 않았니?" 하며 오히려 딸의 가슴에 비수를 꽂았을지도 모른다.

그러나 하나님의 사랑은 결코 그런 모습이 아니다. 살아 있는 아버지에게 미리 제 몫의 유산을 달라고 생떼를 부리던 둘째 아들이 결국엔 그 모든 것을 탕진하고 돌아왔을 때도 버선발로 달려 나가 반지를 끼워 주며 고기를 잡아 잔치를 베푸는 아버지가 바로 우리 하나님이시다.[눅 15:11-32] 이유야 어떻든 아버지의 품 안으로 돌아왔다면 결코 그의 허물을 캐지 않으시는 분, 탕자로 돌아온 자식에게 평안과 안식의 처소를 준비해 주시는 분, 죄책감에 빠진 자식에게 희망과 소망의 내일을 말씀하시는 분, 그런 분이 바로 아버지 하나님이심을 성경은 곳곳에서 말씀하고 있다.

나는 그 사랑을 알 뿐 아니라 날마다 맛보아 누리며 사는 자로서 딸아이에게도 오직 사랑으로 대하리라 다짐했다. 아내나 두 아들 또한 같은 마음으로 딸아이를 대했다.

하지만 딸아이는 금세 회복되지 않았다. 우울증이 깊어질수록 아침 9시가 되어도 일어나지 못한 채 누워 있는 날이 많았다. 그런 날이면 아내는 내게 "가서 미경이 마사지 좀 해 줘요"라고 했다. 큰딸은 어릴 때부터 우리가 안아 주고 어루만져 주는 것을 좋아했기 때문이었다.

미동조차 없이 누워 있는 딸아이의 방 안 공기는 적막하기 그지없었다. 그러면 나는 분위기를 쇄신하려는 듯 짐짓 밝고 따뜻한 목소리로 딸의 이름을 불렀다.

"미경아, 아빠가 마사지해 줄까?"

그제야 딸은 고개를 돌려 나를 바라보았다. 그러면 나는 엎드린 채 누워 있는 딸아이의 발가락부터 머리끝까지 온몸 마디마디가 개운해지도록 정성을 다해 마사지해 준다. 얼마나 정성을 다해 마사지해 주었던지, 지금까지 아내나 아들들에게 해준 마사지를 다 합쳐도 비할 수 없을 정도였다. 아빠의 그런 마음을 알았는지, 한참 마사지를 해 주다 보면 딸아이는 가슴속에 쌓인 말들을 하나 둘 꺼내 놓곤 했다.

"아빠, 나는 죄인이고 실패자예요. 성경에도 이혼하지 말라고 했는데 나는 이혼하고 말았잖아요."

"딸아, 너는 실패자가 아니다. 예수님도 네가 처한 상황과 마음을 다 아신단다. 성경에도 음행한 연고로 이혼한다거나[마 19:9] 예수 믿지 않는 남편이 이혼을 강요하면 이혼해도 좋다는 말씀[고전 7:15]이 나오지 않니? 네가 지금은 광야에 있지만, 이곳에서 하나님을 찾을 때 너는 예전보다 더 큰 기쁨을 그분께 안겨 드릴 수가 있다. 하나님 앞에 괴로울 만큼 잘못한 게 생각나거든 회개하여 돌이키면 되고, 다시 그런 우를 범하지 않으면 된단다. 그러니 더 이상 죄책감 갖지 말고 내일을 소망하자. 너에겐 반드시 회복의 날이 찾아올 거야. 너는 반드시 잘될 거야. 하나님은 너를 너무나 사랑하셔."

이런 얘기를 나누는 동안 딸아이의 발가락이며 손가락 마디마디를 정성을 다해 마사지하면서 나는 다음과 같은 메시지를 딸아이의 몸 마디마디에 새겨 넣고 싶었다.

'아빠가 이만큼 널 사랑한다. 너는 이렇게 사랑받기 위해 태어난 사람이잖니. 너는 그럴 만한 자격이 충분하단다. 그러니 용기를 내어 일어서거라. 하나님은 네게 반드시 회복을 주는 분이시다….'

내 마음이 통한 것일까. 딸은 비록 인생의 어두운 터널을 지나고 있었지만, 우리 부녀 관계는 어느 때보다 따사로운 햇살같이 살가워져 갔다. 그러는 동안 밥도 먹지 못하고 눈물만 흘리던 딸이 차츰 밥을 먹기 시작했고 말수도 늘어나더니, 1년이 지나고 2년, 3년이 지나면서부터는 마침내 예전의 그 밝고 당당하던 모습으로 피어나기 시작했다.

더욱 놀라운 것은, 3년이 지나면서부터 딸아이에게서 인생을 해석하는 새로운 언어가 쏟아져 나왔다는 점이다.

"아빠, 난 그동안 하늘 높은 줄 모르고 승승장구하던 사람이었잖아요? 그게 체면치레라는 것도 모른 채 항상 남들보다 높은 위치에 서는 것만 좋아했고요. 그런데 이혼이라는 아픔을 겪고 나니까 나를 포장하고 있던 성벽들을 그제야 무너뜨릴 수 있었어요. 그리고 그 무너진 자리에서 나 자신을 있는 그대로 사람들 앞에 내놓으니까 오히려 더 많은 사람들이 내게 다가오더라고요. 사람들이 더 나를 좋아해 주고 사랑해 주는 거예요. 그러니 저도 더 많이 사랑하면서 사람들에게 가까이 갈 수 있게 되었어요."

딸은 그 긴 터널을 지나며 자신을 돌아보게 되었고 터널을 빠져나온 뒤에도 하루하루가 달라져 갔다. 그것은 아마도 딸이 광야에서 사랑을 배우고 사랑을 경험한 덕분이리라. '우레의 아들'이라 불리던 사도 요한도 예수님의 특별한 사랑을 경험하면서 '사랑의 사도'로 변했듯이, 내 딸 미경이도 그 광야에서 더 많은 사랑을 배우고 경험하면서 진짜 사랑을 줄 줄 아는 사랑스런 사람으로 변해 가고 있었다.

그 뒤 하나님께서는 회복되고 변화되는 딸에게 너무나 귀한 선물을 주셨다. 주 안에서 신실하고 건실한 청년을 교회에서 만나 사랑의 여정을 시작하게 된 것이다. 청년은 미국의 명문 대학을 나와 변호사로 활동하는 총각이었다. 딸아이의 있는 모습 그대로를 사랑했고, 무엇보다 주님을 향한 신실한 신앙 고백이 있어 미더웠다. 더욱 감사한 건 그 청년의 부모님도 딸아이를 무척 사랑해 주신 점이다. 서른이 넘어서까지 결혼할 생각조차 않던 아들이 딸아이를 만나더니 처음으로 결혼에 대해 적극적으로 의사 표시를 하기 시작했다며 오히려 딸에게 고맙다고 하셨다.

딸에게 가정이라는 울타리는 그렇게 찾아왔다. 길도 없고 물도 보이지 않는 광야에서 벌거벗은 몸으로 하나님을 찾게 하시고, 그곳에서 먹이시고 입히시며 따뜻하게 감싸시는 하나님의 사랑을 경험케 하시더니, 그 사랑을 힘입어 이젠 사랑하는 자로 살아가겠다 고백하게 하시고, 마침내 따뜻한 사랑의 보금자리를 허락해 주셨다. 가정의 알파와 오메가는 '사랑'이어야 함을 하나님께서는 친히 알려 주시며 그 귀한 가정을 세워 가기 시작하셨다.

공경

'효'의 삶을 물려주라

하나님을 만나면 자연스럽게 부모님을 사랑하고 공경하게 되는 것 같다. 나의 경우도 하나님을 뜨겁게 만났던 청년 시절 이후, 아버지를 마음 깊이 이해하고 더욱 존경할 수 있었다. 어린 시절부터 그토록 암기했던 "네 아버지와 어머니를 공경하라 이것은 약속이 있는 첫 계명이니 이로써 네가 잘되고 땅에서 장수하리라"엡 6:2-3는 계명 때문만은 아니었다. 하나님을 만나고 나니, 그토록 좋으신 하나님을 믿는 믿음이 아버지로부터 흘러왔다는 사실도 감사했고, 그렇게 좋으신 하나님을 아버지와 함께 섬길 수 있다는 사실도 기뻤다. 나를 위해 하나님께 기도하는 아버지, 하나님의 사랑으로 나를 키워 주신 아버지, 일평생 하나님께 충성하신 아버지가 나는 무척이나 자랑스러웠다. 그러자 부모에 대한 효성이 더욱 깊이 흘러나왔다.

그런 모습은 나의 세 자녀를 키울 때도 그대로 이어졌다. 자녀들의 믿음이 깊어질수록 부모에 대한 효성도 더해지고, 그럴수록 또한 "효도하는 자녀에게 복을 더하신다"는 성경의 약속이 자녀들의 삶에서 이루어지는 모습도 보게 되었다.

그런데 부모에 대한 효성은 우리 집안에 대대로 내려오는 분위기이자 가르침이다. 할머니, 할아버지에 대한 아버지의 공경 어린 모습을 보며 나 역시 효도를 배웠고, 아버지를 공경하는 나의 모습에서 우리 자녀들도 부모인 나를 공경하는 분위기를 습득했던 것이다. 한 가정을 세워 감에 있어 '효'는 해도 되고 안 해도 되는 그런 게 아니라, 마땅히 해야 하는 것임을 어린 시절부터 보고 배우고 느끼고 경험하며 자랐다고 할 수 있다.

성경이 부모에 대한 공경을 그토록 강조한 것만 봐도 우리 삶의 축복은 '효'의 실천 여부에 달려 있음을 알게 된다. 어쩌면 이것은 당연한 얘기일 것이다. 하나님 아버지와 우리의 관계 역시 사랑과 공경(순종)이 전제되어야 한다. 그때에야 우리는 그분으로부터 오는 복을 누리며 살아갈 수 있다.

아버지는 우리에게 그와 같은 '효'의 삶을 물려주셨고, 또한 당신 자신도 그렇게 살아오셨다. 아버지가 어린 시절 할아버지를 위해 한밤중에 물고기를 잡은 이야기를 들려주셨는데, 부모에 대한 자식의 공경과 사랑이 어떤 모습으로 나타나는지를 알려주고 있어 여기에 소개한다.

"소학교에 다니던 무렵 아버지가 갑자기 쓰러지셨다. 당시 아버지는 쪽복음을 전하기 위해 두메산골이나 어촌을 두루 찾아다니며 전도하셨는데 굶주림과 과로에 지친 나머지 갑자기 심한 구토 증세를 보이며 쓰러지셨다. 그렇지만 우리 집에는 약을 살 돈도, 죽을 쑤어 드릴 쌀도 없어서 정말 죽고 싶은 마음뿐이었다. 왜 우리 집은 논뙈기 하나 없을까 한탄스럽기도 했고.

아버지를 보면서 하도 막막하여 나쁜 짓이라도 하고 싶었다. 밤이 깊어 갈수록 아버지의 신음소리는 더욱 커져 갔고, 그 소리를 듣자니 정말 도둑질을 해서라도 약을 사 오고 싶었다.

그러다 문득 아버지의 영양실조를 해결할 방책이 떠오른 거다.

집에서 4킬로미터 정도 떨어진 곳에 황등 저수지가 있었는데 거기서 물고기를 잡아다가 푹 고아 드리면 아버지가 기력을 회복하실 것 같더란 말이지. 황등 저수지의 역사가 오래다 보니 온갖 소문과 전설이 떠돌았어. 거기에 용이 살고 있다느니 도깨비가 돌아다닌다느니 하며 소문이 파다했지.

해마다 장마철이 되면 들판이 몇 차례 물에 잠기는 바람에 농사를 망치곤 했는데, 그 해에도 역시 익은 나락을 베기 전에 물난리가 터지고 말았나. 들판이 물에 잠기면 황능 저수지에 살던 크고 작은 물고기들이 마을로 떠밀려 왔다가 장마물이 빠져나갈 때쯤 물을 따라 저수지로 내려간다는 이야기를 들은 적이 있다. 물고기들이 낮에는 논나락 속에 은신했다가 밤중에 물을 따라 내려간다는 거지.

이 이야기를 어디서 주워듣고 나는 물고기를 많이 잡아 쌀이나 보리로 바꾸면 굶주림도 면할 수 있고 부모님을 기쁘시게 할 수 있다는 생각이 들었어. 그러나 부모님에게는 절대 비밀로 했다. 그런 위험한 짓을 못하게 하실 게 뻔했기 때문이야.

서둘러 그물망부터 만들었는데, 허허, 얼기설기 엮어진 그물망을 보니 참 뿌듯하더라. 내 계획은 이랬어. 넓은 논의 물꼬를 막고 한 곳으로만 물이 내리도록 한 후 거기에 그물망을 내리면 모든 물고기가 망으로 들어올 거라 이거지. 참 가슴이 벅차올랐다.

드디어 늦은 밤, 부모님이 깊이 잠들었을 때 나는 망과 고기를 담을 구럭을 메고 문을 나섰다. 그런데 하필 그때 학교에서 들은 새까만 도깨비 생각이 떠오르는 거야. 아이들이 밤에는 절대로 밖에 나가지 말라고 했는데, 하필 그 말이 떠올라 손발에 힘이 빠지고 무서워서 한 발자국도 못 움직이겠더라구. 그때 성경 말씀을 외웠지.

> 하나님은 우리의 피난처시요 힘이시니 환난 중에 만날 큰 도움이시라 그러므로 땅이 변하든지 산이 흔들려 바다 가운데에 빠지든지 바닷물이 솟아나고 뛰놀든지 그것이 넘침으로 산이 흔들릴지라도 우리는 두려워하지 아니하리로다 _시 46:1-3

나는 계속 이 말씀을 암송했어. 그러자 마음속에서 용기와 힘이 막 솟구치더구나. 말씀을 암송하고 찬송을 부르면서 들판까지 갔지. 그러나 들판에 도달해 보니 온통 진흙투성이인 거다. 들판 한켠에 물꼬를 트고 그물망을 쳐 놓았지.

고기가 잡혔을 것 같아서 그물망을 들어올리면 물고기가 다 도망가 버렸어. 몇 번이고 그물질을 했지만 허탕을 쳤지. 정말 물고기

몇 마리 잡기가 어찌나 힘들던지 온몸의 힘이 쭉 빠져나가 버렸다. 모기 떼들은 어찌나 극성인지 물어뜯고 난리였지.

더군다나 나는 그곳에서 진짜 도깨비불을 봤어. 먹구름에 절여 있던 하늘에서 웬 강풍이 휘익 하고 불더니 갑자기 동서남북 사방에서 백홍청색의 불덩어리가 나를 찌를 듯 위협하는 게 아니냐. 그것들은 공중으로 솟아 올라가다가 서로 뒤섞여 공중을 한 바퀴 휩쓸더니 내게 바짝 다가선 거야.

나중에 나이가 들어서야 그게 무덤이나 축축한 땅, 또는 고목 등에서 인(燐)의 작용으로 푸른빛의 불꽃을 내는 것이란 사실을 알게 되었지만, 당시에는 죽을 것처럼 무서웠지. '이제 죽나 보다'라고만 생각하고 하나님께 엎드려 기도했단다. 세상에 태어나 처음으로 경험한 생지옥의 순간이었다.

그러나 잠시 후 도깨비불이 사라지더구나. 나는 또다시 벌벌 떨면서 고기잡이에 매달렸어. 그때 단지 굶주림만 면하기 위해서였다면 그렇게까지 하지 않았을 거야. 밤새 신음소리를 내며 누워 계실 아버지 생각에 끝까지 참을 수 있었지.

그렇게 어렵게 고기를 잡아 먼동이 틀 무렵, 구럭을 메고 집 싸리문에 들어서자 아버지와 어머니가 뜬눈으로 밤을 지새우셨는지 마당에 나와 나를 기다리고 계셨다. 아버지는 대노하셔서 화부터 내시고 어머니는 울먹이시고 말이지.

　내 이야기를 들으시고 어머니는 물에 젖은 내 몸을 껴안고 그렇게 흐느껴 우셨다. 그러나 아버지는 더욱 대노하시어 추상같은 호령을 내리시는 것이 아니냐. '그것들 당장에 모두 똥통에 버려라.' 나는 호통이 너무 두려워 벌벌 떨며 어머니 품에 안긴 채 용서를 빌었지. 두 손을 모아 싹싹 빌었다."

　아버지는 그때 왜 자신의 마음을 솔직하게 말씀드리지 못했는지 후회가 된다고 하셨다. 하지만 할아버지가 왜 그토록 화를 내셨는지 또한 이해할 수 있게 되었다고 하셨다.

　우리 형제 역시 아버지의 효심을 물려받았다. 아버지 사업이 어려움을 겪을 때 우리는 아버지에게 힘을 보태고 싶었다. 하나님께서 우리 가정에 주신 진짜 복이 있다면 바로 이와 같은 마음이다.

　이민 생활 초반, 나는 그 녹록치 않은 삶 중에도 아버지부터 도와야 한다는 생각을 떨칠 수 없었다. 감사하게도 하나님께서 여건을 마련해 주어 미국 의사 자격증으로 2만 불을 은행에서 대출받아 아버지께 송금할 수 있었다.

　"아버지, 돈을 얼마 보내 드리니 아버지 빚 갚는 데 보태 쓰십시오."

물론 대출받아 보내는 돈이라 말하지 않았음에도 아버지는 펄쩍 뛰며 받지 않으려 하셨다. 그러나 아버지를 조금이라도 돕고 싶은 내 마음은 더없이 기쁘고 감사했다.

동생 철웅이도 마찬가지였다. 당시 철웅이는 육군 소위로 입대하여 최전방 인제에서 힘든 군생활을 하고 있었다. 때로 북군과 총격전까지 벌이는 최전방이었기에 아버지는 늘 노심초사 자식을 염려하며 기도를 쉬지 않으셨다. 그런 아들이 무사히 군복무를 마치고 집으로 돌아오자 아버지는 그 자체로 큰 선물을 받았다고 여기셨다. 그런데 철웅이는 주머니에서 봉투 하나를 꺼내 아버지에게 내밀었다. 적은 장교 월급을 한 푼도 쓰지 않고 매월 1만 원씩 저축해서 모은 현금 30만 원이었다.

아버지는 그 봉투를 받는 순간 눈앞이 아찔해져서 그만 아들 앞에서 눈시울을 적시고 마셨다. 아마도 아버지는 둘째 아들의 모습에서 그 옛날 새벽 5시면 일어나 자전거에 리어카를 매달고 가구 배달을 나선 자신을 떠올리셨으리라. 아버지는 한 달에 단 하루라도 병석에 누워 계신 할아버지에게 고기를 잡숫게 하고 싶어서 점심값으로 나온 2전 중 1전을 차곡차곡 모았다가 고기를 사 가지고 집에 들어가곤 하셨다. 덕분에 매 끼니를 풀빵으로 때워야 했다.

가정은 돈을 모아야 세워지는 게 아니라 서로에 대한 사랑을 모을 때 세워진다는 걸 하나님은 당시 우리에게 가르쳐 주셨다. 그 하나님의 은혜가 풍성했기에 우리 가정은 고난의 폭풍 속에서도 무너지지 않는 집을 세워 갈 수 있었다.

갈등

지혜롭게 싸우고 지혜롭게 풀라

신앙의 1대로서 풍랑 이는 세월을 불굴의 신앙으로 견디며 살아내신 할아버지와 모진 풍파를 이겨 내며 사신 아버지 덕분에 믿음의 3대손인 내 대에 이르면서부터 우리 가문의 나무에는 평화의 열매가 맺히기 시작했다. 과수농장을 시작할 때 처음 몇 년 동안은 땅을 고르고 나무를 심으며 그 후로도 몇 해의 봄, 여름, 가을, 겨울을 보내야 하는 것처럼, 우리 가문에도 그런 인고의 세월을 보낸

후에 마침내 봄이면 꽃이 피고 가을이면 열매를 맺는 시절이 찾아온 것이다.

이것은, 오랜 세월 동안 할아버지와 아버지가 믿음을 지켜 내는 데 전력하셨다면, 내 대에서부터는 가정이 천국의 모형으로서 실현되도록 힘써야 함을 알려 준다. 부모는 자녀를 사랑하고 자녀는 부모를 공경하며, 부부 간에는 하나됨을 이루는 것이 우리 세대의 임무다.

내가 마취과 의사로 어느 정도 자리를 잡았을 때 한국에 계신 아버지께 연락을 드렸다.

"아버지, 이제 미국으로 건너오세요. 이제 그만 고생하시고 여기 오셔서 세계 여행도 하며 지내세요. 이제는 저희들의 효도도 받으셔야지요."

1980년대 초반, 한평생을 수고하느라 국내의 명승지조차 제대로 다녀 본 적 없는 아버지와 어머니께 동생과 나는 미국으로 건너오실 것을 간곡히 청했다. 그 후 8년간 우리는 부모님을 가까이 모시고 살게 되었다.

미국에서 부모님을 모시고 산다는 건 한국에서보다 훨씬 어려운 일이었다. 부모님이 동네 슈퍼에 나가고 싶다 해도 자식들이 운전해서 모시고 가야 하고, 낯선 곳에서 친구 분들을 사귀어 그분들과 어울려 지내실 때까지 자식인 우리만을 의지하는 부모님과 벗이 되어 드려야 했으니 말이다.

그러나 감사하게도 우리 집에선 그런 상황 가운데서도 고부 갈등이 거의 없었다. 어머니는 심지어 "미경 어미처럼만 하면 된다. 1등 며느리다"라며 누구한테든 며느리를 자랑했다. 언제나 지혜롭고 진심 어린 마음으로 부모님을 공경하는 아내가 더없이 고마워서 나는 사람들한테든 심지어 부모님한테까지 아내를 자랑하고 다녔다. 저 사람 때문에 내가 이렇게 복받고 행복할 수 있노라고. 그러면 부모님은 며느리에게 더 고마워하셨다. 며느리 때문에 아들이 행복하다는데 아니 고마워할 부모가 어디 있겠는가.

사실 따지고 보면, 거칠고 험한 세월을 사느라 살림에만 전념할 수 없었던 어머니와 언제나 정리정돈이 완벽하게 되어 있는 아내는, 갈등하자면 하루에도 수차례 부딪칠 만했다. 어머니가 부엌에 들어가 한 번만 휘젓고 나오셔도 살림의 고수인 아내의 눈에 불편한 일들이 한두 가지가 아니었을 것이다. 그럼에도 아내는 단 한 번도 어머니께 "이건 이렇게 해야 하고, 저건 저 자리에 놓여 있어야 한다"는 식으로 잔소리를 하지 않았을뿐더러 싫은 내색도 하지 않았다. "지금 와서 어머니를 고친다는 건 어려운 일이야. 당신이 힘들더라도 어머니가 부엌에 계실 땐 어머니 하고 싶은 대로 하도록 해 드려요"라고 부탁한 나의 청을 아내가 받아 주었기 때문이다.

아내와 나의 하나됨은 그렇게 여러 가지 측면에서 큰 힘을 발휘했다. 살다 보면 서로 생각도 다르고 보는 관점도 달라 마찰이 생기게 마련이다. 이렇게 어쩔 수 없는 부부 간의 갈등을 해결하는 비결은 서로를 신뢰하고 이해하며 서로의 요청에 민감하게 반응하는 것이다.

우리는 부부싸움을 할 때도 지혜롭게 했다. 부부가 평생 해로하기 위해서는 때때로 부부싸움이 필요하다. 갈등을 푸는 통로가 되기 때문이다. 다만, 서로를 할퀴고 비난하기 위한 싸움이 아니라 나의 마음과 생각을 서로에게 알리고 가장 좋은 합의점을 찾기 위한 싸움이어야 한다. 나의 주장과 요구를 현명하게 말하고 상대방의 이야기에 경청하는 싸움을 하라는 얘기다.

부모님을 모실 당시, 우리는 부부싸움을 하더라도 지혜롭게 하자고 약속했다. 그리고 아무리 화가 나도 부모님 안 계시는 곳에서 차분하게(?) 싸우자고 합의를 보았다. 아내는 이 약속을 잘 지켜 주었고, 덕분에 우리는 부모님을 모시는 8년 동안 부부싸움을 하긴 했으나 부모님 앞에서는 늘 좋은 모습만 보일 수 있었다.

그래서인지 어느 날 어머니는 우리한테 이렇게 말씀하셨다.

"참 니들은 천국생활한다. 어떻게 그동안 한 번도 안 싸우고 세

아이들도 오순도순 잘 기르니? 천국생활이 이런 건가 싶다."

어머니의 칭찬을 듣고 우리는 그동안 부부의 하나됨을 꿈꾸며 달려온 시간에 대해 보상받는 기분이었다. 정말 기뻤다.

한편, 아버지는 우리 집에서 살게 되면서부터 어머니에게 애정표현을 하기 시작하더니 날이 갈수록 세심한 부분까지 표현하셨다. 아버지는 언제나 높은 기준과 이상을 세워 놓고 거기까지 도달하기 위해 전투적으로 사시느라 어머니와 다정한 부부관계를 위해 신경 쓸 겨를이 없었다. 오히려 어머니께 늘 '왜 더 힘을 내서 저 고지까지 따라오지 못하느냐'고 다그치고 면박을 주기 일쑤였다.

그러셨던 아버지가 놀랍게도 어느 날부터인가 달라진 모습을 보이셨다. 마치 내가 아내에게 그러듯이, 아버지는 어머니를 연구하고 칭찬하느라 여념이 없으셨다. 우리 집에서 지내시는 8년 동안 아버지는 그렇게 어머니에게 사랑 표현을 하시더니, 어머니가 노인성 치매로 양로병원에 누워 계실 때도 얼마나 극진하게 돌보셨는지 모른다.

"이 사람아, 나 누구여? 나가 누구여?"

자신을 알아보기 바라며 열심히 설명하시는 아버지를 어머니는 그저 멍한 표정으로 바라볼 뿐이었다. 그러면 아버지는 눈물을 글썽이며 어머니의 볼에, 입술에 여러 번 키스하고 머리를 쓰다듬으셨다.

"젊었을 때는 네 엄마가 이렇게 예쁜 줄 몰랐다. 이렇게 예쁘고 사랑스러운데 내가 그걸 몰랐어."

아버지는 이렇게 어머니에 대한 사랑을 거침없이 표현하셨다. 아버지는 매일 어머니께 찾아가 "하나, 둘, 셋, 넷, 다섯…" 하며 백까지 숫자를 세시고, 어머니가 평소에 좋아하던 찬송가를 불러 주셨다.

"내 곁에 네 어머니가 있다는 게 이렇게 축복이다. 곁에 있다는 것만으로도 이렇게 큰 축복이야."

회한과 감사의 눈물을 흘리며 아버지는 이렇게 말씀하시더니 어느 날은 어머니를 위해 헌시까지 지어 바치셨다.

아내여 그대는 나의 길동무

살펴 주는 그 눈길 떠날 새 없고
젖어 있는 그 손길 마를 새 없네
사랑 없인 잠시도 못 사는 마음
온 세상이 몰라도 나는 아노라

어려울 때 위로하며 웃는 그 얼굴
내 잘못도 저 보고 용서하라네
억울해도 넘기는 그대 맘속에
담겨 있는 애정을 나는 아노라

쥐어 보면 한줌인 자그만 손에
강하고도 큰 힘이 실려 있으니
가정을 믿음으로 승리의 길로
우리는 영원히 기도하리라

아버지의 시를 읽고 있자니 아버지의 마음이 느껴져 눈물이 왈칵 쏟아졌다. 주를 위해 죽도록 충성하리라 다짐하며 한평생 앞만 보고 달려오신 아버지. 그 아버지가 종내에 마음을 다해 주님의 사랑을 쏟아 부으신 분은 다름 아닌 언제나 가장 가까이에서 동행하던 어머니였다. 아내에 대한 사랑 표현에 그토록 인색하시던 아버지가 백발이 성성해져서야 이토록 따뜻하고 섬세한 사랑을 표현하는 남편이 된 것이다. 나는 그것이 너무나 감사하고 또 감사했다.

인생의 노년에 이르러 그간 못 다한 사랑 이야기를 써 내려가는 두 분을 보면서 나는 문득, 자식이야말로 부모 마음속의 강철 같은 틀을 깨뜨리는 유일한 사람이란 걸 새삼 깨닫게 되었다. 내가 큰딸로 인해 독재자의 틀을 벗을 수 있었듯이, 아버지는 우리 부부로 인해 가부장의 틀을 깨고 누구보다 따뜻한 사랑의 세레나데를 부르는 남편이 되었으니 말이다.

part 4

성경적
기준으로
양육하라

훈계

자녀의 기질에 맞춰 가르치라

아버지는 어린 시절 숱한 어려움을 당했으면서도 할아버지를 깊이 존경하고 사랑하셨다. 할아버지의 가르침에 진심으로 순복해서 그 가르침을 하나라도 놓치지 않으려고 하셨다. 할아버지는 어떻게 그토록 부모에게 순종하고 부모의 말을 잘 따르는 아버지를 키워 낼 수 있으셨을까.

 이에 대한 답은 할아버지의 인생을 한 번만 더 깊이 생각해 보면 어렵지 않게 찾을 수 있다. 할아버지는 모두가 자신의 안위를 위해 그릇된 길을 선택할 때, 끝까지 옳은 길을 선택한 분이었다. 즉, 그릇된 것에 대해 모두가 Yes라고 답할 때 할아버지 홀로 No라고 답하시며 올곧은 길로 가셨다. 아버지는 바로 할아버지의 그와 같은 모습을 보면서 부모를 더욱 존경하셨고 부모의 가르침을 그대로 따르고자 하셨으리라.

이처럼 부모가 무언가를 자녀에게 가르치려면 먼저 부모 자신이 옳은 길을 따라 사는 삶을 보여 줘야 한다. 부모가 가야 하는 길이 때론 십자가의 길이라 해도 그것이 옳은 길이라면 끝까지 기쁘고 감사하게 갈 때, 자녀들은 부모에게서 형언 못할 감동을 느끼게 된다.

'아, 아버지는 평소 말씀하신 그대로 올곧게 사시는구나.'

'어머니는 내게 가르치시던 그대로, 항상 기뻐하고 쉬지 말고 기도하고 범사에 감사하며 사시는 분이구나.'

자녀들이 언행이 일치하는 부모의 모습에서 부모를 신뢰하기 시작하면, 그때부터 자녀들은 부모의 권위를 인정할 뿐 아니라 부모가 살아가는 방식을 따라가고 싶어 한다. 즉, 옳은 일을 택하고, 그릇된 길을 버리며, 언행일치를 넘어 신행일치의 삶을 선택하게 된다.

물론, 부모의 삶을 보여 주는 것만으로는 부족할 수가 있다. 특히 자녀들이 어릴 때는 옳고 그름에 대한 분별력이 생기도록 자녀들 눈높이에서 지혜롭게 가르칠 필요가 있다.

가령, 어린 자식들이 친구 집에 놀러 갔다가 친구의 장난감을 무심코 가져왔을 때, 무섭게 혼내고 다그치기보다는 물건은 엄연히 소유자가 있는 법이라서 그 소유자에게 돌려주는 게 당연하다는 걸 차분히 알려 주고, 즉시 자녀와 함께 그 친구의 집에 가서 물건을 돌려주며 사과한 뒤에 돌아오는 것이 좋다. 별일 아니라는 듯 무심히 지나가 버리는 것도, 혹은 불같이 화부터 내며 자녀를 죄인으로 몰아가는 것도 아이에게 분별력을 심어 주는 데 독이 될 수 있다.

살다 보면 자녀를 가르치는 방법을 몰라 고민할 때가 생각보다 많다. 특히 부모도 감정을 가진 존재여서, 너무나 소중한 내 아이가 잘못을 반복할 때는 부모 자신이 지나치게 감정의 소용돌이에 휘말려 버리는 바람에 자녀를 잘 가르치기보다 오히려 상처를 남길 때가 있다.

주일에 교회에 가기 싫다며 잠만 늘어지게 자는 자식을 보며, 신앙심이 깊은 목사님이 분노가 통제되지 않아 자식에게 욕을 하고 폭행을 했다는 이야기를 들었다. 이후 그 자식은 부모와 하나님에게서 영영 마음문을 닫아 버렸다고 한다.

그런 면에서 부모는 자식을 가르치기 전에 먼저 자기 자신을 향상 주님 앞에서 돌아보아야 한다. 그런 후에 아이를 대해야만 감정적 화풀이가 아닌, 좋은 가르침을 자녀에게 줄 수 있다.

자녀를 가르칠 때는 자녀의 특성과 기질에 맞게 접근하는 지혜가 필요하다. 예민하고 섬세한 기질의 아이에게는 무섭게 다그치기보다 부드럽게 차근차근 가르쳐 줘야 하고, 목적 지향적인 담즙질의 아이에게는 돌려서 말하기보다 가르치는 내용을 정확하게 콕 집어 말해 줘야 한다.

부모는 아이에게 훈계할 때 아이의 전 존재를 한꺼번에 뜯어고쳐서 완전히 새사람으로 만들겠다는 욕심에 빠질 때가 있다. 그러나 천리길도 한 걸음부터라는 말을 잊지 말고, 한 번에 하나씩, 당면한 그 일에 대해서만 부모의 사랑과 권위를 담아 정확하게 말해 줄 필요가 있다. 과거에 잘못한 일, 어제 잘못한 일까지 싸잡아 말하지 말고, 지금 잘못한 일에 대해서만 지적하고, 좋은 대안을 찾아갈 수 있도록 안내해 주어야 한다.

유달리 기질이 강한 아이들은 부모가 아무리 옳은 말을 해도 잘못을 수긍하지 않는 경우가 있다. 그럴 때 부모는 성경 말씀을 들이대며 강압적으로 순종을 강요해선 안 된다. "부모에게 순종해야 잘된다고 했는데, 너는 그래 가지고 복을 받을 수 있겠어?" 같은 말은 훈계가 아니라 저주처럼 들리기 쉽다. 너무 강한 아이는 아이의 잘못이 무엇인지 정확하게 짚어 준 다음, 아이가 생각하는 시간을 갖도록 기다려 줄 필요가 있다. 기다리는 동안 아이의 마음과 생각을 성령께서 주장하시도록 기도하면 더 좋다.

무엇보다 부모는 앞서 말한 대로, 삶 가운데 옳은 길을 선택하며 거기서 기쁨과 만족을 누리는 삶을 살아 내야 한다.

"우리 아빠는 매사에 억지를 부려."

"우리 엄마는 매사에 너무 감정적이야."

자녀들에게서 이런 평가가 나오는 게 아니라 다음과 같은 평가가 나온다면, 그 자녀들은 부모의 말에 귀를 기울이며 그 부모처럼 옳은 길을 따라 살아가게 될 것이다.

"우리 아빠는 성경 말씀대로 살려고 하셔."

"우리 엄마는 정말 예수님의 사랑을 가지신 분이야."

관찰

존중하되 세밀하게 살피라

자식 셋을 키우는 동안, 우리 부부가 종종 놀랐던 점은 세 아이 모두 성격과 능력, 개성과 기질에서 너무나 다르다는 사실이었다.

모두 다르다는 것, 그것은 세 아이 모두를 각각 다른 기준과 잣대로 키워야 한다는 뜻이었다. 아이가 가진 정서력이나 실력, 자기관리력의 강도에 따라서도 어떤 아이는 엄하게, 어떤 아이는 관대하게 대하는 섬세함이 필요했다.

그런 면에서 큰아들 형진이의 진로를 도울 때는 큰딸과는 또 다른 가이드라인이 요구되었다. 큰딸이 공부를 잘하고 막내아들이 그림을 잘 그렸다면, 큰아들은 전인적 실력을 고루 갖춘, 종합적 능력이 가장 뛰어난 아이였다. 부모에게 순종하기를 기뻐했고, 누군가를 돕고 배려하는 일에도 관심을 쏟았다. 해마다 선생님들이 성적표에 코멘트를 다는, '말을 매우 많이 한다'는 것도 사실은 형진이의 배려로 인해 생긴 오해였다.

"형진아, 너는 수업 시간에 무슨 말을 그렇게 하기에 선생님들마다 이런 의견을 써서 보내 주시니?"

"아빠, 제가 말을 많이 하는 게 아니고요, 수업을 듣고도 수업 내용을 잘 이해하지 못한 친구들이 있잖아요? 그 친구들이 그런 걸 물어보면 다른 애들이 대답을 잘 안 해 줘요. 그래서 제가 자세하게 설명을 해주는 거예요. 그런데 설명을 한참 하고 있으면 선생님께서 제게 그러세요. 형진이 너는 웬 말이 그렇게 많냐고."

학교에서도 그렇지만, 밤늦은 시간이나 새벽이라도 누군가 도움을 요청하면 거절하는 법 없이 달려 나가는 아이가 형진이였다. 그러면서도 학업에 성실해서 큰딸이나 막내만큼 탁월하진 않아도 성적도 좋은 편이었다.

그런 큰아들의 꿈은 의사였다. 어려서부터 의사인 아빠를 보고 자라서인지 아들은 고등학교 때도 의과대학 진학을 목표로 공부했다.

하지만 부모인 내가 볼 때 큰아들은 의사감이 아니었다. 의사가 되기엔 큰아들의 그릇(?)이 너무 크다고 해야 할까. 평생 의사로 산 나의 경험으로 볼 때, 의사는 시야가 조금 좁을 필요가 있다. 의사는 넓게 보기보다 깊게 보고, 한 지점만 바라봐야 하며, 그러면서도 아주 작은 것까지 놓쳐선 안 되었다. 자칫 하나라도 놓치는 순간 바로 환자에게 위험한 상황이 벌어질 수 있기 때문이다. 매우 섬세하고 세심하게 한 곳을 파고들 수 있어야 하는 것이다.

그런데 형진이는 관심 분야가 넓었다. 하나님을 사랑해서 교회에도 사람에게도 헌신적이었고, 관계 지향적이라 사람들을 돌보고 챙기느라 혼자서 뭔가에 몰두할 시간이 늘 부족했다. 밤늦은 시간에야 공부할 짬이 나니 책상에 앉으면 꾸벅꾸벅 졸기 바빴다. 밤 12시께 내가 성경공부를 끝내고 집에 돌아오면, 언제나 큰아들 방만 불이 켜져 있었다. 그러나 들어가 보면 형진이는 영락없이 책상에 엎드려 자고 있었다.

어느 날 나는 고등학교 2학년이 된 형진이와 마주 앉아 진로에 대한 얘기를 진지하게 나누었다.

"형진아, 네가 정말 하고 싶은 일이 뭐야?"

"아빠, 나는 의사가 되고 싶어요."

"의사라… 글쎄… 네가 의과대학에 가는 건 무리이지 않을까? 물론 너는 우리 집에서 가장 두뇌가 명석하지만, 의사가 되려면 지금부터 10년 동안은 하루에 10시간, 15시간씩 공부해야 하는데, 그 좋은 잠을 포기하면서 의사 공부를 해낼 수 있겠어? 잠이 많은 네가 의사가 되려면 정신적인 고통이 이만저만 아닐 거야."

"그래도 아빠, 나는 의사가 되어야 할 것 같아요."

"왜 그렇게 의사가 되고 싶은데?"

의사가 되고 싶은 이유를 묻는 내 질문에 큰아들의 대답이 뜻밖이었다.

"아빠, 내가 의사가 안 되면 아빠가 실망할 거 아니에요?"

역시 아들은 사람을 소중히 여기는 사람답게, 진로마저 자신의 적성과 능력이 아니라 아빠가 기뻐할 것을 고려해 결정했다. 어느 집이든 착한 아이들이 이런 유혹에 빠지기 쉽다. 부모가 원하는 삶을 향해 가다가 뒤늦게 후회하며 낭패를 보는 것이다.

"아니 형진아, 아빠가 의사라고 아들도 의사가 되어야 한다는 법이 어디 있니? 아빠는 그런 사람이 아니야. 아빠의 역할이 무엇이겠니? 하나님께서 네게 주신 달란트를 잘 계발하도록 돕는 카운슬러 아니겠어? 그러니까 네가 정말 하고 싶은 것을 말해 봐."

그러자 형진이는 눈치를 보며 속마음을 털어놓기 시작했다.

"아빠, 실은 사업가가 되고 싶어요. 사업가가 되어서 선교 사역을 돕고 싶어요."

그러고 보니 형진이는 의사보다는 사업가 쪽이 더 어울렸다. 고장 난 물건도 뚝딱 고쳐 내고, 안 되는 일도 되게 하며, 무엇보다 인간관계 능력이 탁월했다.

"그래, 네가 하고 싶은 게 사업이라면 그 꿈을 위해 지금부터 차곡차곡 준비해 보자."

"네, 아빠 지켜봐 주세요. 열심히 준비할 게요."

형진이는 그때부터 좋은 사업가가 되기 위한 준비를 열심히 해 나갔다. 대학에 들어가서도 전공뿐 아니라 리더십을 비롯해 자신의 역량을 키우기 위한 연극, 음악도 따로 공부했다. '스피칭 클래스'에 들어가 연설하는 법도 열심히 익혔다. 지도력과 자기 관리력, 정서력과 체력의 모든 면에서 실력을 키워 나간 것이다.

그런데 형진이는 자랄수록 한층 돋보이는 부분이 하나 더 있었다. 바로 '영력'이었다.

사업가가 되기 위한 준비를 하는 중에도 형진이는 주일학교 아이들에게 말씀을 전하고 상담해 주며, 함께 놀아 주는 일에 그토록 헌신적일 수 없었다. 무엇보다 놀라운 점은, 형진이가 그 뛰어난 언변으로 아이들에게 말씀을 전할 때 주일학교 현장이 달라진다는 사실이었다. 아이들 영혼에 하나님의 숨결을 전하는 데 있어 형진이만한 적임자가 또 있을까 싶을 정도였다.

'이 아이에게 목회자적인 능력이 있구나.'

어느 날부터인가 형진이를 보면서 나는 이런 생각을 하게 되었다.

형진이는 대학을 졸업하고 나서 모국어와 한국의 예법을 익히기 위해 한국에 들어가 모 기업에서 1년 이상 근무하고 돌아왔다. 그러고는 곧바로 MBA(경영학 석사) 과정을 준비했다.

나는 더 이상 큰아들의 진로에 대한 내 의견을 감추어선 안 되겠다는 생각이 들었다. 형진이는 아무리 보아도 사업가보다는 목회자가 되는 게 하나님의 영광을 위해서나 자신을 위해서나 더 좋을 것 같았다. 더구나 형진이가 사업가가 되고 싶은 것은 이재(理財)에 밝아서도 돈을 많이 벌고 싶어서도 아니었다. 단지 선교 사역을 돕고 싶어서였다. 그렇다면 형진이가 가장 잘할 수 있는 일은 돈 버는 일이 아니라 누군가를 실제적으로 돕는 일이었다.

그런 나의 생각에 쐐기를 박은 사건이 있었다.

큰아들은 경험을 쌓기 위해 7개월가량 지인의 사업 현장에서 아르바이트로 일을 도운 적이 있다. 그런데 지인의 사업이 망하는 바람에 그간 일한 대가를 단 한 푼도 받지 못하게 되었다. 의류 회사라 옷 몇 벌 쥐어 준 게 고작이었다. 게다가 아들은 회사가 부도나기 직전에 사장의 부탁으로 회사가 결재할 5000불을 자신의 신용카드로 결재했다. 그러니까 아들은 7개월 동안 회사를 위해 일했으면서도 돈 한 푼 받지 못했거니와 5000불의 빚까지 떠안게 된 것이다.

나는 하도 어이가 없어 한마디 했다.

"야, 너무했다. 아무리 그래도 신용카드 빚은 사장이 갚아 줘야지."

속상한 마음에 이렇게 말하자, 큰아들은 되레 그 사장을 걱정했다.

"아빠, 나보다 사장님이 더 안됐어요. 나는 아직 혼자라서 괜찮지만, 그 집은 아이가 둘인데, 앞으로 그 아이들을 어떻게 키울지 걱정이에요."

"사장은 걱정되고 너는 걱정이 안 되니?"

"아빠, 나는 괜찮아요. 나야 앞으로 열심히 일해서 빚을 갚으면 되지요. 아이들까지 딸린 사장님이 걱정이지요."

진심으로 사장과 그의 가족을 걱정하는 큰아들을 보면서 이 아이의 진로를 다시 생각하지 않으면 안 되겠다 싶었다.

"얘야, 너는 앞으로 사업을 하면 안 되겠다. 내가 보기에 너는 남다른 긍휼이 있구나. 이런 사람은 자기 사업은 뒷전인 채 다 퍼주고 나눠 주느라 사업을 제대로 할 수가 없단다. 너의 진로 방향을 다시 생각해 보면 어떻겠니? 아무리 봐도 너는 셈을 해야 하는 사업가보다는 사람을 돌아보는 일을 하는 사역자가 되어야 할 것 같구나."

나는 이 말을 하기까지 오랫동안 지켜보고 기다렸다. 형진이가 욕심을 내는 것은 물질이 아니라 사람이었다. 더구나 형진이는 영적 리더십이 있어서 사람을 이끌 능력도 있고, 헌신적이며 정직했다. 형진이야말로 사역자로서 적합한 사람이었다.

"형진아, 아빠가 보기에 너는 확실히 목회자감이다. 영적 지도자가 되거라. 내가 여러 나라를 다니면서 보니까 똑똑한 사람들은 거의 다 의사나 변호사가 되더라. 그래서 더더욱 똑똑하고 실력 있는 영적 지도자가 나와야 하는 때가 됐다고 생각한다. 특히 한인 2세들을 위한 실력 있고 헌신된 영적 지도자가 너무나 부족한 형편이야. 이제라도 MBA를 포기하고 M.Div(신학석사과정)를 가는 게 어떻겠니? 하나님께서 네게 그럴 만한 능력과 헌신과 믿음과 비전을 주셨다고 이 아빠는 믿는다. 만약 네 생각도 나와 같다면 네 여자친구가 다니는 MA(기독교 교육학 석사과정)에 들어가서 함께 공부하는 것도 좋을 듯싶다."

형진이는 고등학교 1학년 때 예수님을 인격적으로 만났고, 그때 하나님께 자신을 드린다는 신앙 고백을 한 바 있다. 그랬기에 나는 형진이가 남다른 믿음과 명석함으로 훌륭한 사업가가 될 수 있다고 생각했다. 하지만 시간이 지날수록 형진이의 모든 기질과 달란트가 목회자에 더 적합하다는 걸 알게 되었다.

"그래요, 아빠? 정말 그렇게 생각하세요? 그렇다면 며칠만 기다려 주세요. 저도 기도하면서 여자친구와도 상의해 볼게요."

당시 아들은 이미 MBA 등록을 마친 상태였다. 만약 아들이 내 진로 지도를 받아들인다면 등록금도 다 포기해야 하고, 물질생활을 포함한 미래의 계획까지도 포기해야 했다. 정말 하나님의 뜻과 아들의 뜻, 결혼을 약속한 여자친구의 뜻이 하나로 합쳐지지 않는다면 쉽게 결정할 일이 아니었다.

그런데 며칠 후, 형진이와 여자친구가 내게 와서 이렇게 말했다.

"아빠, 신학공부를 하기로 했어요. 아빠 말씀에 우리 두 사람이 전적으로 동의가 되더라고요."

얼마나 감사하던지! 나는 장차 아들이 재벌이 된다 해도 이보다 더 기쁘진 않을 것 같았다. 그 후 아들이 보여 준 행보는 내가 결코 헛다리 짚은 것이 아니었음을 증명해 보였다.

형진이는 신학대학원을 다니면서 중고등부 전도사로 사역했다. 그러나 당시 교회의 재정이 어려워 사례비를 받지 못했다. 그럼에도 형진이는 개의치 않고 열심히 교회를 섬겼다. 보다 못한 내가 "다른 사역자들은 매년 교회를 옮겨 다니는데, 너도 이제 사례비를 주는 교회로 가서 사역해야 하지 않겠니?" 하며 슬그머니 등을 떠밀었다.

"적어도 5년 동안은 한 교역자가 아이들을 돌봐야만 아이들이 제대로 세워질 수 있어요."

형진이는 이렇게 말하며 무소처럼 꿋꿋하게 제 갈 길을 갔다. 형진이의 말대로 5년 동안 아이들과 동고동락하며 말씀을 심자 아이들이 놀랍게 변화되었다. 우리 모두는 그 모습을 감격스럽게 지켜보았다.

그렇게 충직하게 한 교회를 섬긴 아들에게 하나님은 몇 년 전부터 한 중형 교회의 담임목사로 부르셨고, 날마다 새생명이 더해지는 복도 주셨다.

그러다 작년에는 미국의 한 교회로부터 2000여 명이 모이는 다문화 교구 책임 사역자로 와 달라는 청빙을 받게 되었다. 미국 전역에서 지원한 수많은 사역자들 가운데서 엄격하고 까다로운 심사 과정을 거쳐 적임자로 낙점된 것이었다. 형진이는 그 같은 청빙을 받고는 내게 이메일로 소식을 전했다.

사랑하는 아빠,

아빠는 제가 의사가 되려 할 때 이렇게 말씀하셨죠? "너는 의사의 재목이 아니다." 그리고 제가 사업가가 되려 했을 때 아빠는 또 그러셨어요. "의사나 변호사, 사업가는 넘쳐나는데 2세들을 지도할 영적 지도자는 매우 부족하다. 너는 영어도 완벽하게 하고 한국어도 잘하며 여러 가지 실력도 뛰어나니까 그 능력을 하나님을 위해 써라. 네가 목회자가 되면 하나님께 크게 쓰임 받을 것이다."

그런데 아빠, 돌아보니까 저를 지도해 주신 아빠의 그 모든 말씀이 다 맞았어요. 제가 이 넓은 미국에서 영혼을 구원하는 사역자로 쓰임 받는다는 게 이토록 감사할 수가 없어요. 제가 이렇게 하나님께 쓰임 받는 사람이 되리라고는 정말 상상도 못했어요. 아빠, 고맙습니다. 이 모든 게 아빠의 기도와 지도 덕분이에요.

아들의 이메일을 받고 보니 〈주 예수보다 더 귀한 것은 없네〉(찬송가 94장)를 작곡한 조지 비벌리 쉐아가 생각나 눈물이 핑 돌았다.

캐나다 감리교 목사의 아들로 태어나 어려서부터 아버지가 섬기는 교회의 찬양대에서 찬양을 하며 신앙을 키웠던 그는 세계 대공항으로 대학을 중퇴하고 가난한 생활을 할 수밖에 없었다. 그러던 어느 주일 아침, 예배 준비를 하던 도중 어머니의 피아노 위에서 어머니가 어려울 때마다 소중히 꺼내어 읽던 레아(Mrs. Rhea F. Miller) 여사의 시 한 편을 발견했다. 그리고 그 시를 읽는 순간 번개처럼 떠오른 영감으로 그 자리에서 멜로디를 작곡했는데, 그 곡이 바로 찬송가 〈주 예수보다 더 귀한 것은 없네〉이다.

21세의 조지는 그날 처음으로 교회 앞에서 자신이 작곡한 곡을 불렀다. 그런데 그 후 그가 그토록 고대하던 방송국에서 대중가수로서 정규 방송 프로그램에 출연하라는 요청을 받았다. 하지만 그때 조지는 '하나님께서 정말 원하시는 것이 무엇인가?'라는 물음에 대한 답을 자신이 작곡한 '주 예수보다 더 귀한 것은 없네'라는 찬송가에서 발견했다. 대중가요를 불러 돈을 많이 버는 것보다 예수를 소유하며 살기로 결심하고는 빌리 그레이엄 전도단에 들어가 평생을 헌신하며 살았다.

'하나님께서 정말 원하시는 것이 무엇인가?'

나는 자녀들의 진로를 지도할 때 수시로 이 질문을 던지곤 했다. 하나님께서 주신 자녀들 각자의 특성과 기질을 면밀히 살핀 것도, 자녀들의 기질과 특성 속에 하나님의 뜻이 숨어 있을 거라 믿었기 때문이다.

> 마땅히 행할 길을 아이에게 가르치라 그리하면 늙어도 그것을 떠나지 아니하리라 _잠언 22:6

부모는 자녀가 마땅히 행할 길을 가르쳐야 한다. 그리하여 하나님의 소원을 이루어야 한다. 그러나 예수 믿는 많은 부모들이 하나님의 소원이 무엇인지는 묻지도 않고 자신의 소원을 아이에게 강요한다. 이 세상에서 부자로 떵떵거리며 사는 것이 최고라는 세속적 가치관을 아이에게 가르치니 참으로 안타까운 일이다.

자녀는 내 소유가 아니다. 부모는 하나님의 청지기일 뿐이다. 나에게 하나님의 자녀를 맡기신 것이다. 청지기로서 자녀에게 디딤돌(stepping stone)이 될 수도 있고 걸림돌(stumbling block)이 될 수도 있다. 나는 어떤 부모인가? 디딤돌인가, 걸림돌인가?

무엇보다 물질만능주의와 타락한 성문화가 판치는 이 세상에서 자녀들을 어떻게 키우는 게 옳은지 기도하며 점검하기 바란다.

> 너희는 예루살렘 거리로 빨리 다니며 그 넓은 거리에서 찾아보고 알라 너희가 만일 정의를 행하며 진리를 구하는 자를 한 사람이라도 찾으면 내가 이 성읍을 용서하리라 _렘 5:1

하나님은 타락할 대로 타락한 이 세상에서 하나님을 위하는 한 사람, 즉 하나님의 뜻을 전하는 지도자 한 사람을 원하신다. 그것도 깨끗하게 준비된 하나의 그릇을 찾으신다. 그 한 사람을 사용하셔서 하나님은 도시를 새롭게 하시며 나라를 새롭게 하신다.

이와 같은 하나님의 마음이 와 닿았기에 나는 형진이에게 영적 리더의 길을 갈 것을 강력하게 권했다. 물론 그것은 아들에게서 목회자적 자질과 사명을 발견했기 때문이기도 했다.

감사하게도 아들의 뜻이 내 뜻과 일치하여 다음 세대를 준비하는 영적 리더로서 쓰임 받고 있으니, 아들을 써 주시는 하나님께 얼마나 감사한지 모른다.

이 세상 부귀와 명예보다 주 예수 그리스도를 가장 귀한 것으로 알고 가는 아들의 발걸음을 볼 때마다 나는 저절로 찬송을 부르게 된다. 나를 세우시고 여기까지 인도하신 예수님, 우리 자손을 귀하게 사용하셔서 다음 세대를 세우실 예수님을 향한 찬송이 언제나 내 입술에서 떠나지 않는다.

비전

공부보다 더 중요한 것을 추구하라

"여보, 명진이는 그림 쪽이야. 확실히 이 아이는 그림에 영재성이 있어. 이쪽으로 밀어 줘야겠는걸?"

큰딸과 큰아들의 진로와 비전을 찾아가는 데는 시간이 많이 걸렸다. 하지만 막내아들의 진로는 비교적 일찍 결정할 수 있었다. 두세 살 때 낙서처럼 그린 그림부터가 예사롭지 않더니, 초등학교 2학년 때 그린 '패밀리 트리'는 우리 모두의 감탄을 불렀기 때문이다. 손톱만 하게 그린 할아버지와 할머니, 아빠, 엄마, 일가친척과 형제들의 얼굴을 어쩌면 그렇게 특징을 잘 포착해 표현했는지, 과연 어린아이가 그린 게 맞을까 싶을 정도였다. 우리 부부는 그때부터 명진이의 달란트가 거기에 있음을 확신했다.

하지만 만일 막내 명진이가 한국에서 자랐다면 어땠을까? 아마 그림은 물론이고 모든 과목에서 뛰어난 성적을 보인 명진이는 그림 그리기를 포기하고 공부에만 매진하게 되었을 것이다. 우리 부부 역시 판사나 의사가 되기를 꿈꾸며 아이를 그렇게 부추겼을지도 모른다.

그래서 나는 지금도 조국의 중고등학교 교육 현장을 볼 때면, 이 땅의 아이들을 날지 못하는 닭이 되도록 닭장 안에 가둬 두는 것만 같아 저절로 기도하게 된다. 아이들의 재능과 성품에는 관심도 없고 오로지 대학 입시만을 목표로 밤 10시까지 가둬 두는 나라가 세상 어디에 있단 말인가?

전인교육을 중시하는 선진국의 교육 현장에서는 도저히 이해할 수 없는 일이다. 전인교육은 출세를 위한 지식 중심의 교육이 아닌, 신체적 성장, 지적 성장, 정서적 발달, 사회성의 발달 등을 조화롭게 하여 폭 넓은 교양과 건전한 인격을 갖춘 인간을 육성하려는 교육이다. 전인교육이 잘 이루어질 때 아이들은 인생을 성공적으로 살 수 있는 인격적이고 관계적인 기초와 기반을 마련할 수 있다.

미국은 영재교육 시스템이 비교적 잘 갖춰져 있어서, 아이가 어느 한 분야에 특별한 재능을 보이면, 그때부터 그 재능을 계발해 주는 것이 제도적으로 보장되어 있다. 더구나 무조건 대학은 들어가고 보자는 강박관념이 없기 때문에 특별한 재능이 발견되면 필요에 따라 대학을 포기하고 재능을 계발하는 일에 힘을 쏟게 한다.

그런 사회적 환경이 있다 보니 나 역시 자녀들을 볼 때 공부로 성공해야 한다거나 졸업장부터 따야 한다는 생각을 버리고 세 아이 각자가 잘하는 부분들을 발굴하는 데 힘썼다.

미경이는 암기 과목에 뛰어났고, 주일학교에서 아이들에게 카운슬링을 잘해 주었으며, 논리력도 뛰어났다. 게다가 글솜씨가 좋았다. 나는 미경이에게 '변호사'라는 직업을 권유해 주었다. 미경이는 수년간 변호사로 활약했으며 현재는 글쓰는 능력을 더 계발해 모 여성잡지 편집국장으로 일하고 있다.

명진이는 우리의 예상대로 UCLA 미술과에 진학해서 꿈을 키워 갔다. 우리는 명진이에게 그림 과외를 단 한 번도 시킨 적이 없다. 과외를 받으면 창의력을 발휘하지 못하고 과외 선생의 틀에 갇히기 때문이다. 예술은 상상력을 가지고 뻗어나가야 하는 작업이므로 나는 명진이가 재능과 상상력을 충분히 발휘하도록 칭찬하고 격려해 주었다.

명진이가 대학 2학년 때, 샌디에이고에서 열린 만화박람회에서 어느 유명 만화가에게 자신의 그림을 선보이는 기회가 있었다.

"저는 평생 그림을 그리고 싶습니다. 제가 선생님의 그림을 참 좋아합니다. 제 그림을 보고 평가해 주실 수 있으세요?"

명진이는 용기를 내어 만화가에게 다가가 이렇게 말했다. 워낙 유명한 만화가라서 그런 식으로 접근하는 사람이 한둘이 아니었을 것이다. 그런데 명진이의 그림을 본 만화가의 반응이 호의적이었다. 그림에 대해 칭찬한 것은 물론, 이후 두세 차례 숙제를 내 주더니 "함께 일하자"고 제의한 것이다.

뜻밖의 제의를 받고 명진이는 내게 기도를 부탁했다. 좋은 기회인 것은 분명한데 다니던 대학을 계속 다녀야 할지, 아니면 그 제의를 받아들여야 할지 확실한 판단이 서지 않는다고 했다.

"아들아, 이것은 기회다. 기회는 자주 오는 것이 아니란다. 만화의 권위자라 할 수 있는 그 사람과 함께 일하면서 그를 멘토로 삼을 수 있다면 그것만큼 큰 복이 어디 있겠니? 함께 일하는 게 좋을 것 같다."

"그렇게 되면, 학교를 휴학해야 하는데요?"

"학교는 아무 때나 다시 다닐 수 있어. 하지만 이런 기회는 자주 오지 않는단다."

아빠의 적극적인 지지와 동의에 아들은 마침내 확신을 갖고 학교에 휴학계를 제출했다. 그러자 학교 친구들이 아들에게 이렇게 물었다고 한다.

"네 아빠, 한국 사람 맞아?"

이후 명진이는 유명 만화가 밑에서 2년간 만화 그리는 일에 집중했고, 돈도 조금 벌었다. 그러던 어느 날, 명진이는 또다시 내게 기도를 부탁하면서 진로에 대해 상의했다.

"아빠, 그림을 계속 그리다 보니까 제가 기초가 조금 부족한 것 같아요. 입학 허가가 날지 모르지만, 그림을 잘 배울 수 있는 패서디나(Pasedena) 아트센터에 들어가서 공부했으면 좋겠어요."

패서디나는 미술계에서는 유명한 학교다. 쟁쟁한 실력자들이 많이 모여서 유명하기도 하지만, 1년에 5만 달러나 하는 비싼 학비로도 유명해서 돈이 없으면 가기 힘든 곳이었다. 아들이 이제라도 그런 곳에서 그림을 더 배우겠다는 열의는 좋았지만, 내가 의사 생활을 마치고 풀타임 사역자로서 사역할 때라 아들의 학비를 대줄 만한 여력이 없었다.

"거기 가서 공부한다는 건 좋은 생각이다만, 아빠가 학비를 보태 주기 어려울 텐데 어떡하지?"

"아빠, 그건 염려 마세요. 제가 알아서 해야지요."

그렇게 해서 막내는 포토폴리오를 준비하며 열심히 입학 절차를 밟아 나갔다. 다행히도 아들은 우수한 성적으로 학교에 입학했고, 미국의 대학생들이 그렇듯이 명진이도 학비 전액을 국가로부터 대출 받아 2년 동안 그림 공부에 열중했다.

그런데 졸업 1년을 앞둔 시점에 명진이는 유명한 모 만화 회사로부터 스카우트 제의를 받았다.

"기회가 왔으니 기회를 잡거라. 기회는 아무 때나 오는 게 아니란다. 학교는 다시 들어갈 수 있다."

이번에도 나는 똑같이 권유했고, 명진이는 남은 1년을 남겨 둔 채 그 회사에 들어가 그림을 그렸다. 그때 그린 그림이 크게 히트한 〈툼 레이더〉(Tomb Raider)다. 아들은 펜슬러(만화의 스케치를 하는 사람)로서, 그 작품이 공전의 히트를 치는 데 기여했다. 덕분에 2년 동안 공부하느라 받은 대출금도 갚을 수 있었다.

이때 내가 명진이에게 놀랐던 점은 어느 분야에서 성공적으로 안착했다고 해서 그 자리에 안주하지 않는다는 점이었다. 명성을 날렸으면 거기에 주저앉아 배를 두드리고 있을 법도 한데, 아들은 어느 날인가 "이제는 만화를 그만두고 비디오 게임 분야에 도전하겠다"며 내게 기도 요청을 했다. 때는 바야흐로 비디오 게임 시대가 열렸다는 논리였다. 막내아들이 계속해서 자신의 활동 범위를 업그레이드하며 확장해 나간다는 사실에 내심 뿌듯하고 대견해서 이번에도 적극 지지를 보냈다.

그러자 아들은 비디오 게임을 가장 잘 만든다는 산타모니카의 소니 회사에 입사했고, 그곳에서도 유명 비디오 게임들을 만들어 내는 데 크게 활약했다. 덕분에 경제적으로도 세 아이 중 가장 여유로웠다.

그러기를 몇 년, 아들은 또다시 내게 진로 문제로 기도 요청을 해 왔다. 디즈니 소속인 마블(marvels)이란 영화 제작사에서 '콘셉트 아티스트'(Concept Artist)를 모집하는데 거기에 들어가고 싶다는 것이었다. 경쟁률이 매우 치열해서 결과는 장담하기 힘들었다.

"콘셉트 아티스트? 그게 뭐 하는 직업이냐?"

"영화 시나리오를 받으면 상상력을 동원해서 그림을 그려 주는 직업이에요. 특정 배경도 그려 주고, 주인공의 의상이나 헬멧 같은 것도 그려 주는 가장 기본적인 작업이지요. 그게 나와야 영화가 제작될 수 있거든요. 아빠, 나는 이 일을 정말 하고 싶어요."

듣고 보니 콘셉트 아티스트야말로 명진이와 꼭 어울리는 직업이라는 확신이 들었다. 명진이는 단순히 그림만 잘 그리는 게 아니라 스토리에 대한 이해가 좋아서 글을 읽으면 누구보다 멋진 상상력을 동원할 줄 알았기 때문이다.

"멋진 일이다. 아빠가 기도할게. 준비해 보렴."

명진이는 만화로 시작해서 비디오 게임으로 분야를 넓히더니 이제는 영화까지 확장해 가고 있었다. 그 넘치는 에너지와 열정이 감탄스러웠다. 그리고 얼마 후 명진이는 콘셉트 아티스트에 합격해 이후 영국에서 6개월, 미국 LA에서 몇 개월 거주하며 그림에 몰두했다. 그리고 마침내 영화 〈어벤저스〉가 탄생했다. 이후로도 명진이는 〈어벤저스2〉와 〈캡틴 아메리카〉를 제작하는 데 상상력을 십분 발휘했다.

나는 명진이에게 계속해서 도전을 주었다. 하나님 나라와 의를 구하며 살아갈 때 주어지는 먹고 입고 쓸 것에 대한 풍족함은 우리에게 주신 보너스와 같은 것이므로, 언제나 보너스 자체가 아니라 '하나님의 영광'이라는 궁극적인 목적을 향해 달려가야 한다는 사실을 주지시켰다.

동시에 나는 계속해서 기도한다. 주어진 재능과 은사를 통해 아들이 하나님의 천지창조의 숨결을 관객들에게 영성 깊은 그림으로 전달할 수 있기를, 아들 명진이에게 그림을 그릴 수 있도록 손을 주시고 영감을 불어넣어 주시는 하나님의 영광을 위해 명진이의 모든 재능과 은사가 쓰임 받을 수 있기를….

유니티

유니포미티가 아닌 유니티를 기준으로

내가 아이들 얘기를 하면 많은 부모들이 아이들이 일사천리로 형통하게 살아서 키우기 참 쉬웠겠다고 말한다.

막내는 비교적 진로를 선택하는 일이 쉬웠다지만, 그 과정을 들여다보면 언제나 어려운 숙제를 푸는 것처럼 긴장되고 힘들었다. 우리 부부도 아이들 문제로 늘 끙끙댔고 조심스러웠으며 그래서 열심히 연구해야 했다.

큰딸을 기를 때는 첫아이라 경험이 없다 보니 시행착오가 따랐다. 그럼에도 큰딸의 특화된 분야를 찾는 일은 그리 어렵지 않았다. 그러나 큰딸은 상처를 잘 받는 타입이었다. 그래서 우리는 이 아이의 쓴 뿌리나 상처가 예수님 안에서 치유되고 마음이 건강하게 살아나기를 힘썼다.

양육이 상대적으로 쉬웠던 건 오히려 큰아들이었다. 큰아들은 외향적인 성격인 데다, 자기 의견도 정확하게 말할 줄 알고, 감정의 교류 또한 막힘이 없었다. 그야말로 '성격 좋은' 아이였다. 때로 아빠인 나한테 섭섭하거나 속상한 일이 있으면 아이답게 울음으로 자신의 감정을 드러냈기 때문에, 무엇이 문제인지 금방 알 수 있었고 그러니 대처도 빨리 할 수 있었다. 또 울고 나서는 곧바로 나한테 안겨서 앙금을 남기지 않았다.

그런데 막내 명진이는 모든 점에서 형과 완전히 달랐다. 운동보다는 예술에 관심이 많았고, 아빠에게 화나는 일이 생겨도 좀체 울면서 아빠 품에 달려드는 법이 없었다. 빨리 화해할 수 없다 보니 앙금이 남았다. 큰아들 같으면 아무렇지도 않게 넘길 일이, 명진이에겐 슬픈 일이 되고 억울한 일이 되곤 했다.

명진이는 예술가답게 감수성이 풍부하고 예민했다. 남들이 보지 못하고 느끼지 못하는 세계를 보고 느끼는 정서력이 풍부하지만,

쉽게 상처받을 수 있다는 점에서 정서력이 손상될 가능성이 컸다.

나는 명진이를 연구하면서, 이런 아이에게 절대적으로 필요한 것이 '공감'이라는 사실을 알았다. 아이 편에서 그 아이만이 느끼는 감정과 생각을 받아 주는 것이다. 그렇게 공감해 줄 때, 아이의 마음과 생각은 건강하게 정리되고, 그가 가진 예술가적 재능도 더욱 계발될 수 있다.

그러나 많은 경우, 이런 아이들에게는 비교하는 말들이 쏟아질 가능성이 크다.

"넌 왜 그렇게 생각해? 형은 안 그러잖아. 다른 애들은 그렇게 반응하지 않아. 너 참 이상하다."

예민한 기질의 아이에게 남과 비교하는 말을 하는 것은 자신을 비하하고 열등감에 휩싸이도록 만드는 독화살과 다름이 없다. 이와 같은 독화살을 계속 쏘게 되면, 아이들은 존중받지 못한다는 생각에 자기 자신에 대한 확신이 흔들리고 정서적으로도 불안한 상태가 되며, 비전을 실행에 옮기는 추진력도 부족해진다.

그래서 나는 한국의 학부모들에게 자녀 교육에 성공하고 싶거든 유니포미티(uniformity)가 아니라 유니티(unity)로 자녀들을 기르라고 말한다. 유니포미티는 획일화를 뜻하지만, 유니티는 각각의 개체를 인정해 줌으로써 조화를 이루는 것을 말한다. 10명 전부가 트

럼펫을 부는 것이 유니포미티라면, 한 명은 바이올린, 한 명은 피아노, 한 명은 첼로, 한 명은 더블베이스를 연주함으로써 아름다운 오케스트라를 이루는 것이 유니티다.

새는 공중에서, 물고기는 물속에서, 짐승은 밀림 속에서 자기 능력을 발휘한다. 그런데 새에게 물속에서 헤엄치라고 하면 어떻게 되겠는가? 반대로 물고기에게 하늘을 날라고 강요하면 어떻게 되겠는가? 우리의 교육 현실이 이러하다. 아이들의 유니티를 무시하고 유니포미티로 획일화시켜 버린다.

나는 세 아이를 키울 때 유니티의 개념으로 접근했다. 어느 누구도 예외 없이 하나님으로부터 독특한 개성과 특성을 부여받고 태어난 '하나님의 걸작품'이기 때문이다. 더구나 다르다는 것은 틀린 것이 아니지 않은가.

우리 아이들은 누구와도 비교할 수 없는 유일무이한 가치를 지니고 이 땅에 태어났다. 부모란 바로 이 아이들을 하나님의 걸작품으로 대해 주고 인정해 주는 존재다. 그 존중과 인정이 적절한 조화를 이루며 아이들에게 작용할 때 아이들은 각각의 걸작품으로 멋지게 빚어질 수 있다.

무엇보다 나는 세상의 모든 자녀들이 아직 완성품이 아니라 완성을 향해 가는 '진행형'임을 부모들이 알았으면 한다. 할아버지가 되고 할머니가 된 우리 부부도 주님 앞에선 여전히 어린아이처럼 성장 중이라 믿는데, 우리의 자녀들이야 오죽하겠는가.

나의 세 자녀인 미경, 형진, 명진이 역시 아직 완성품이 아니다. 그래서 나는 부족한 모습 그대로, 또 성장 중인 모습 그대로를 이 책에서 고백하고 있다. 내가 어떤 아이는 믿음의 집을 이만큼 세웠고, 또 다른 아이는 그 집을 저만큼 세워 가고 있음을 말하는 동안, 당신이 세워 가려는 믿음의 집의 구조와 설계, 인테리어와 재료들을 잘 점검할 수 있기를 바라는 마음에서다. 또한 믿음의 집을 세워 가는 때와 시기도 사람마다 다 다르다는 사실을 발견하고, 당신이 사랑과 소망으로 끝까지 인내하며 믿음의 집을 잘 세워 갈 수 있기를 바란다.

꼭 변호사가 아니어도 된다. 목사가 아니어도 되고 화가가 아니어도 된다. 아이가 가장 기쁘게 자아를 실현할 수 있는 길을 부모로서 안내해 주길 바란다. 나중에는 아이 스스로 용감하게 자기 길을 찾아 나설 수 있도록 도와주길 바란다.

본인에게 맞는 옷을 찾고 그 값을 지불하는 일은 자녀 스스로 해야겠지만, 그 옷을 찾아 나설 만한 힘을 길러 주는 이는 역시 부모여야 한다.

어떤 이는 농부로, 어떤 이는 작가로, 또 어떤 이는 회사원으로 믿음의 명문 가문을 세워 갈 것이다. 어떤 자녀는 그와 같은 믿음의 가정을 좀 더 일찍 건축하는 모습을 보일 것이고, 어떤 자녀는 느려도 너무 느리게 그 가정을 세워 가는 것처럼 보일 수도 있다. 그때도 부모는 유니포미티가 아니라 유니티를 기준으로 각 자녀를 바라보며 기도해 줘야 한다. 그러면 자녀들은 모양과 인테리어는 다르지만, 하나님이 쓰시기에 거룩하고 깨끗한 믿음의 명문 가문을 세워 나갈 것이다. 그 모습을 통해 하나님께서 영광 받으실 것이다.

> 너희 안에서 착한 일을 시작하신 이가 그리스도 예수의 날까지 이루실 줄을 우리는 확신하노라 _빌 1:6

지지

자녀의 배우자를 응원하라

"아버지, 저 결혼하고 싶어요. 허락해 주세요."
세 아이를 키우는 동안 나는 늘 생각지 못한 때에, 생각지 못한 사람을 데리고 와서는 결혼을 허락해 달라는 자식들의 요청을 받아야 했다. 상대방의 부모도 마찬가지였겠지만 그럴 때마다 나는 만족스럽지 못했고, 그래서 당황스러웠다. 부모의 욕심인지, 아이들이 결혼하겠다고 데려온 사람들이 내 눈엔 50~70퍼센트밖에 만족스럽지 못했다.

큰딸 때도 그랬지만 큰아들과 막내한테도 "안 된다"고 했다. 내적 치유와 기질, 가치관 등에 관한 공부를 계속하다 보니 자식들의 배우자에게서 보이는 상처의 골이나 둘이 어울리지 않는 기질 등이 마음에 걸렸다.

하지만 결혼이란 성경에 나온 대로 독립의 출발이다. 배우자를 선택하고 결정하는 문제, 결혼 후의 경제적 독립과 가정 설계에 관한 문제는 자녀의 의견을 존중하는 게 옳았다. 처음에 반대 의사를 표했더라도 결국엔 자녀가 선택한 길을 지지해 주었던 데는 그런 생각이 바탕이 되었다. 자녀를 독립시키려 한다면 자녀의 의사 결정을 존중하는 데서부터 출발하는 게 순서였으니까.

그 대신, 부모인 나는 결혼을 허락함과 동시에 카운슬러요 청지기로 부름 받은 부모의 역할을 좀 더 확대할 필요가 있었다. 확대된 부모의 역할이 무엇이겠는가? 그것은 내 자식뿐 아니라 내 자식의 배우자를 내 가슴으로 품어 낳은 자식으로 인정하고, 그들에게도 기꺼이 청지기로서의 역할을 다한다는 뜻이다. 부모로서 내 자식의 달란트를 발견하고 계발하기 위해 도와주고 그러고서도 부족한 부분은 부모인 내가 보완하고 품었듯이, 며느리에게도 똑같이 대해야 한다는 생각이 들었다.

'이 아이가 어떻게 해야 더욱 쓰임 받는 인생이 될 수 있을까?'

이런 고민을 하며 큰며느리를 보니 그가 지닌 지성적이고 명석한 두뇌가 눈에 들어왔다. 누군가 그의 장점을 계발하도록 도와준다면 며느리는 앞으로 더 귀하게 사람들을 섬길 수 있을 것 같았다. 며느리를 찾아가 진지하게 말했다.

"애야, 내가 보기에 너는 앞으로 여성 지도자가 될 재목이야. 네 남편이 영적 지도자로 섬길 때, 너는 그냥 집에서 밥만 하는 사람이 되지 말고 여성 지도자로서 같이 동역하면 어떻겠니? 21세기는 3f의 시대야. 첫째는 feeling, 둘째는 fiction, 셋째는 female, 즉 여성 지도자가 너무 필요한 시대란다. 네가 가진 능력을 좀 더 계발하면 더 많은 사람들을 구체적으로 도울 수가 있단다."

그러자 며느리가 물었다.

"그래요, 아버님? 그럼 어떻게 해야 그런 사람이 될 수 있어요?"

"Ph.D.(박사학위)까지 공부하는 게 좋겠다. 네가 일찍 결혼한 편이니 아이를 조금 늦게 낳더라도 먼저 공부를 마쳐서 목사인 남편과 같이 동역하는 게 어떻겠니?"

그와 같은 제안에 며느리는 "일주일의 말미를 달라"고 했다. 그리고 일주일 뒤 친정 부모님도 좋아하시고 남편도 흔쾌히 동의했다며 곧바로 박사과정에 도전하겠다는 답을 줬다. 예상대로 큰며느리는 공부가 잘 맞는 기질을 지닌 아이였다.

큰며느리가 박사과정으로 택한 전공은 '기독교 교육 및 상담학'이었다. 교회 안팎에서 마음이 아파 힘들어 하는 이가 점점 더 많아지고 있다. 나는 큰며느리가 전공한 공부를 통해 그런 사람들을 섬길 수 있기를 소망하며 기도했다. 기도에 대한 응답이었는지, 며느리는 박사과정을 3년 만에 쉽게 마치고, 우리 가족의 전문 카운슬러로서 온 가족을 섬겼을 뿐 아니라, 목회자인 남편과 함께 2세 사역을 위한 실질적인 역할을 감당하게 되었다. 하나님 나라와 의를 위해 늦은 나이까지 공부한 분야로 헌신하게 된 것이다.

작은며느리와도 재미있는 일들이 많았다. 처음 작은애를 소개받았을 때, 나는 어느 때보다 강경하게 반대했다. 그애가 한국인이 아니라 외국인이었기 때문이다.

"얘야, 나는 네가 한국 사람하고 결혼했으면 좋겠는데, 중국 아이를 데려왔구나."

나의 탄식 어린 말에 막내는 당당하게 대답했다.

"아빠, 제 마음을 가져간 한국 사람이 없는 걸 어떡해요?"

"안 된다."

자기 생각이 분명한 막내인 줄 알지만 나는 어느 때보다 단호하게 반대했다. 외국인이라는 점도 썩 내키지 않았지만, 깨어진 가정에서 할머니 손에 자란 점도 마음에 걸렸다. 예민한 아들 녀석과 과연 평생을 해로할 수 있을까 염려가 되었다.

하지만 예상대로 막내는 나의 반대를 결단코 받아들이지 않겠다는 태도를 보였다. 타협을 위해 마련한 식사 자리에서 내가 반대하는 이유를 충분히 설명했는데도 아들은 물러서지 않았다. 그래서 아들에게 물었다.

"아빠가 반대하는 건 그 아이가 가진 외적 조건 때문이 아니라 아까 설명한 그 이유들 때문이야. 그런데도 네가 결혼을 한다면 너는 그 아이를 위해 상당 부분 마음의 십자가를 져야 한다. 그런데도 감당할 수 있겠니?"

"네, 아빠. 나는 감당할 수 있어요. 나는 그녀를 도와줄 거예요."

이토록 결연한 걸 보니 아들이 작은애를 보통 좋아하는 게 아닌 모양이었다. 더 이상 승산 없는 반대였다.

"그래, 좋다. 그러면 아빠가 결혼을 허락하마. 그 대신 너와 그 아이 모두의 행복을 위해 결혼 전에 몇 가지 성격 테스트와 기질 테스트를 받고 서로에 대해 공부하거라. 비전 테스트도 받아야 한다. 그런 후에는 반드시 내적 치유를 받도록 해라. 할 수 있겠니?"

"알겠습니다. 아빠! 감사합니다."

나는 또 아내를 설득했다.

"앞으로 중국 선교, 남미 선교를 해야 하는데 영어뿐 아니라 중국어와 스페인어를 잘하는 며느리 하나 얻읍시다. 또 그 아이를 며느리로 생각지 말고 딸로 입양하는 마음으로 받읍시다."

결혼 전의 커플들은 예외 없이 서로를 알 만큼 안다고 장담한다. 그러나 사실은 연애하는 즐거움에 취해 서로에 대해 깊이 공부해 보지도 않은 채 결혼하는 경우가 다반사다. 그래서 나는 자식들에게 결혼 전에 서로의 성격이나 기질을 공부할 수 있는 시간을 반드시 가지라고 숙제를 내 준다. 상대를 알지 못하면 '내 방식'대로 사랑하다가 갈등을 일으키지만, 상대를 알기 위해 공부하면 상대를 이해할 뿐 아니라, '우리 방식'의 소통법을 찾아가기가 훨씬 수월하기 때문이다.

내적 치유 세미나에 참석할 것을 권하는 이유도 마찬가지다. 서로 다른 환경과 배경에서 자라는 동안 두 사람의 영혼에 새겨졌을 상처와 아픔이 결혼 전에 드러나고, 회복을 위해 서로 보듬을 때 결혼 후 서로를 더 깊이 이해하며 사랑의 보금자리를 함께 만들어 갈 수가 있다.

막내아들 내외도 이런 과정에서 마음속 쓴 뿌리를 한바탕 제거한 후에 결혼생활에 돌입할 수 있었다. 그러나 무의식에 깃든 상처란 결코 한순간에 치유되는 것이 아니다. 어느 날인가 막내한테서

"아내가 자꾸 악몽을 꾸고 힘들어 해요" 하는 말을 듣고 마음이 짠했다.

"이제부터 너와 내가 합동 작전으로 작은애를 세워 주도록 하자. 너는 남편으로서 변함없이 사랑해 주렴. 나는 며느리를 내 딸로 입양해서 아버지로서 사랑해 줄게. 언제가 될지 모르지만 그 아이의 정서가 온전히 회복되도록 아빠가 언제나 기도할게."

막내아들과 이렇게 약속한 후, 나는 작은며느리를 위해 기도했을 뿐 아니라 만나면 아버지의 심정으로 두 팔 벌려 안아 주며 "딸아, 사랑한다"고 말했다.

작은며느리는 처음에 그런 나의 모습에 당황하는 듯했다. 아빠의 품, 아빠의 사랑을 경험해 본 적이 없어서 모든 게 낯설고 당황스러웠을 것이다. 하지만 나름대로 한국말을 배워 와서는 예의 바르게 "아버님, 땡큐" 하면서 내게 반응하려 노력했다.

그러기를 한 달 두 달, 한 해 두 해가 지나면서 작은며느리의 얼굴은 몰라보게 밝아졌다. 그리고 어느 날인가부터 그녀가 먼저 내게 달려와 꼭 껴안아 줬다. 그것은 형식적인 포옹이 아니었다. 아빠 품이 좋아서 파고드는 그런 포옹이었다. 그러면 나는 작은며느리에게 이렇게 말했다.

"I love you. you're my daughter." (사랑한다. 너는 나의 딸이야.)

그러고는 한마디를 꼭 덧붙였다.

"I am your daddy."(나는 너의 아빠란다.)

내가 너의 아빠라는 말에 작은며느리는 언젠가 눈물을 펑펑 쏟은 적이 있다. 돌아보면 그녀의 얼굴이 밝아진 것도 그날 이후가 아니었나 싶다. 내가 아버지 하나님의 품 안에서 마음의 상처가 다 녹았듯, 며느리도 내 품에서 어린 날 아버지의 부재로 인해 쌓인 아픔이 씻겨 내려간 것이 아닌가 한다.

얼어붙은 마음, 상처 난 마음을 회복하는 데 아버지의 품보다 더 좋은 게 있을까. 나는 우리 집 귀염둥이 막내딸(작은며느리)을 보면서 내가 바로 그런 품을 가진 그녀의 아버지로 부름 받았다는 사실에 감사했다.

나는 그렇게 세 아이가 아니라 여섯 아이의 아버지가 되었고, 그 후부터 나의 기도제목도 이 여섯 아이가 영육 간에 건강하게 성장해서 하나님 나라와 의를 위해 쓰임 받는 것이 되었다!

재정 훈련

쓰임 받으려면 돈 관리를 훈련하라

나는 우리 아이들에게 '비전'을 심어 주고자 늘 애썼다. 비전이 무엇인가? 비전은 나의 욕망과 욕심을 채우고자 애쓰는 야망이 아니다. 내가 아니라 하나님의 뜻이자 하나님의 꿈이 곧 비전이다. 내가 이 땅에 태어났을 때 하나님이 품으신 계획과 뜻을 이뤄 드리는 것이 비전이다. 한마디로 하나님께 값지게 쓰임 받는 인생이 되는 것이다.

그래서 나는 우리의 심성과 기질과 재능 속에 심어 놓으신 하나님의 숨결을 발견하기 위해 아이들을 즐겨 관찰했다. 관찰하다 보니 하나님께서 이 아이들을 어떻게 쓰시려고 이 땅에 보내셨는지에 대한 힌트를 얻게 되었다.

오래 관찰하면서 확신이 생기면 "너는 이런 것으로 하나님께 영광을 돌리면 어떻겠니?"라고 도전했고 실제로 그렇게 자기계발이 이뤄지도록 격려했다.

이를 위해 구체적인 '자기 관리 훈련'에 대해서도 가르쳤다. 자기 관리란 크게 정욕 관리, 시간 관리, 돈 관리, 건강관리를 말하는데, 이 네 가지 분야가 훈련되지 않으면 아무리 비전이 크고 능력이 좋아도 인생이 망가질 수 있다.

나 역시 청년 시절부터 이 네 가지의 자기 관리 훈련을 게을리 하지 않았다. 결혼 후에도 이 네 가지 자기 관리를 점검하며 풀타임 사역자로 살기 위한 은퇴 이후를 준비했다. 그리고 계획한 대로 나이 육십에 의사 생활을 정리하고 풀타임 사역자의 길로 들어섰다.

그런데 아니나 다를까, 막상 그 길로 들어서 보니 가장 현실적인 문제는 '돈 관리'였다. KOSTA나 JAMA에서는 캐나다, 유럽, 남미, 호주, 뉴질랜드, 아시아 등 전 세계를 자비량으로 다니며 사역해야 했다. 이는 매달 벌어들이는 소득이 한 푼도 없는 내가 앞으로 수

십 년을 그 비싼 항공료와 숙박비를 내 힘으로 지불해야 한다는 것을 의미했다.

하지만 감사하게도 우리 부부는 오랜 세월 동안 계획적으로 재정을 관리하며 검소하게 생활하는 것이 몸에 배어 있었다. 모든 물질의 제1원칙은 십일조와 헌금, 기부를 하는 데 썼고, 돈을 무척 잘 벌던 시절에도 먹고 쓰는 수준이 서민들의 생활을 넘어선 적이 없었다.

우리는 검소해야 한다. 예수님이 검소하셨기 때문이다. 우리 부부는 결혼할 때도 최소한으로 예단을 준비했고, 우리 아이들도 굉장히 검소하게 결혼을 시켰다. 명품을 걸쳐야 멋있는 게 아니다. 싼 것이라도 잘 매치하면 멋있는 것이다. 우리 가족은 검소하게 살면서도 행복할 수 있다는 사실을 삶에서 많이 경험했다.

큰아들은 설교 현장에서 우리 가족의 이 같은 생활을 언급한 적이 있다.

> 어린 시절, 아버지는 무슨 물건인가를 사 오면 저희에게 항상 물으셨습니다. "이거 얼마 주고 사 왔게?" 그러면 우리는 그 말이 무슨 뜻인지 이미 다 압니다. 아버지가 사 온 것은 분명 10불 미만이라는 것을요. 그렇지만 우린 아버지의 마음을 즐겁게 해 드

리기 위해 이렇게 말합니다. "100불이죠?" 그러면 아버지는 고개를 절래절래 흔들며 대답합니다. "Low!"(그 아래야.) 우린 깜짝 놀란 듯이 이렇게 말합니다. "그럼 50불?" 아버지는 흐뭇한 미소를 지으며 또 이렇게 대답합니다. "Low." 우리가 다시 "30불이요?"라고 물으면 아버지는 또다시 "Low"라고 말씀합니다. 그제야 우리가 "10불?" 하고 물으면 아버지는 환하게 웃으며 말씀하십니다. "Right!"(맞아.) 아버지는 언제나 그렇게 10불짜리 물건을 사 오셔서는 가족 모두와 함께 즐거워 하셨습니다.

나는 이 이야기를 들으면서 큰아들 형진이가 절약하며 검소하게 사는 삶을 매우 즐기고 있음을 알 수 있었다. 물론 우리 자녀들은 내 아버지 세대처럼 극한 가난이나 극한 고통을 겪은 세대는 아니다. 오히려 넓은 집에서 돈 잘 버는 의사 아버지와 함께 살았다. 그랬기 때문에 우리 부부는 아이들이 어려서부터 재정 훈련을 시켰다. 일부러 용돈을 적게 주어 검소하게 생활하도록 했다. 그리고 하나님께 물질을 먼저 드리고 그다음은 이웃을 위해 나누도록 하며, 검소함 속에서 풍성한 생활을 누리라고 가르쳤다.

그래서 우리 아이들은 지금까지도 굉장히 절약하며 산다. 딸 미경이는 아주 멋쟁이이지만 명품이나 비싼 물건을 사지 않는다. 딸은 한국에서 쇼핑할 때도 유명 백화점에서 사는 게 아니라 지하상가에서 멋있는 걸 골라 사 가지고 어울리게 매칭한다.

부모가 보여준 대로 아이들도 사는 것이다. 가정 안에서 물질 관리의 지혜를 가르치기를 힘쓰길 바란다. 그래야만 아이들이 비전을 이루는 과정 중에 가난에 처하든 풍부에 처하든 흔들리지 않는 믿음으로 푯대를 향해 달려갈 것이기 때문이다.

우리 부부는 내가 육십을 맞아 풀타임 사역을 선포하고 의사로서 은퇴했을 때 그동안 부모님을 모시고 살던 넓은 집을 처분하고 20여 평의 조그만 콘도로 이사했다. 자비량 사역을 감당하기 위해서였다. 하지만 그때도 우리는 아쉬워하지 않았다. 풍부에도 처하고 가난에도 처하는 지혜를 이미 배웠기 때문이다. 아내는 오히려 집이 작으니 아늑해서 좋다고 말했다. 심지어 어느 해인가는 전도사로 사역하느라 오갈 곳이 없는 큰아들 내외와 그 집 거실에 커튼을 치고 1년여를 함께 생활했다. 집은 비록 좁았지만 어느 누구도 천국 생활을 누리는 데 조금도 불편함을 느끼지 않았다.

나는 그렇게 절약한 돈으로 비행기표를 사서 유럽으로, 중국으로 다니며 젊은이들에게 은혜의 복음을 전했다. 얼마나 자주 다녔는지, 얼마 전에는 코스타를 주관하는 한 분이 내게 이렇게 말하기도 했다.

"장로님, 지금까지 코스타에 다닌 비행기 경비만 해도 1억이 훨씬 넘습니다. 어떻게 이 비용을 다 감당하셨어요?"

나는 그 말에 그저 허허 웃을 뿐이었지만, 마음속으로는 이 같은 일을 오랜 시간 맡겨 주실 뿐 아니라 그렇게 다닐 수 있도록 비용도 다 준비해 주신 하나님께 가슴 벅찬 감사를 드렸다.

나는 한 달에도 몇 번씩 바뀌는 시차에 적응하느라 잠을 잘 못 자도 지금의 이 시간이 너무나 소중하고 좋다. 한국 사역이 점점 더 많아지는 요즈음에는 장시간 기차를 타거나 전철을 타며 쪽잠을 자도 내 얼굴엔 기쁨의 빛이 떠나지 않는다. 언제나 나와 동행하시며 꿈꾸며 살게 하신 하나님의 은혜의 빛이 날이 갈수록 내 삶 가운데 더해지고 있다고 믿기 때문이다.

part 5

다음 세대를 살리는 명문가로 성장하라

성장

늙을수록 아름다워지라

갈수록 흰머리가 많아지는 요즘에도 우리 부부는 하나님의 은혜로 여전히 서로 사랑하며 산다. 특히 아내를 향한 내 사랑은 날이 갈수록 더 깊어져서 아내와 함께하는 여생이 그렇게 좋을 수가 없다.

그렇다고 아내가 늙지도 않고 주름살도 없다는 뜻은 아니다. 아내도 다른 여자들처럼 할머니가 되면서부터 중력의 법칙을 따라 가슴도 엉덩이도 자꾸만 처진다. 하지만 아내의 매력에서 벗어나지 못하는 나는 아내를 포옹할 때마다 "예쁘다"는 칭찬을 빼뜨린 적이 없다.

일반적으로 갱년기 이후의 여성은 에스트로젠이 분비되지 않아 젊은 시절처럼 몸이 반응하지는 않지만, 남편의 충분한 배려와 아내의 노력이 있다면 노년의 부부관계도 충분히 아름다울 수 있음을 우리는 요즘 경험하고 있다.

그런데 아내와 함께한 수많은 밤과 낮의 시간들을 돌아보면, 아내에 대해 거는 나의 기대가 세월의 흐름에 따라 조금씩 달라졌다는 걸 알게 된다. 아마 아내도 나에 대해 그랬으리라.

20~30대의 나는 아내에게서 성적 매력을 찾고 싶어 했다. 그러다 40~50대가 되자 '빈 둥지 증후군'이 찾아와 아내와 친구처럼 대화하는 기쁨을 더 많이 찾았다. 그리고 60대를 넘어선 뒤부터는 아내가 건강해서 함께 늙어 가면서 동역할 수 있다는 사실만으로도 좋고 감사하게 되었다.

요즘은 아침마다 잠에서 깨어 기도하는 아내의 모습을 볼 때면 이 현숙한 여자를 내 아내로 주신 하나님께 감사의 고백을 저절로 드리게 된다.

여호와는 나의 목자시니 내게 부족함이 없으리로다 그가 나를 푸른 풀밭에 누이시며 쉴 만한 물가로 인도하시는도다 내 영혼을 소생시키시고 자기 이름을 위하여 의의 길로 인도하시는도다 내가 사망의 음침한 골짜기로 다닐지라도 해를 두려워하지 않을 것은 주께서 나와 함께하심이라 주의 지팡이와 막대기가 나를 안위하시나이다 주께서 내 원수의 목전에서 내게 상을 차려 주시고 기름을 내 머리에 부으셨으니 내 잔이 넘치나이다 내 평생에 선하심과 인자하심이 반드시 나를 따르리니 내가 여호와의 집에 영원히 살리로다_시 23:1-6

늦은 시간까지 집회를 인도하거나 공부하느라 늦게 잠이 드는 남편을 두고, 아내는 아침마다 나보다 한두 시간 일찍 일어나 큐티하고 시편 23편을 암송하며 선포한다. 그러고는 가족과 민족, 열방, 선교사들을 위해 중보기도를 하고 내가 권해 준 책들을 읽으며 성실하게 영성을 쌓는다.

그래서인지 아내는 날이 갈수록 점점 더 영적인 지혜가 충만해져서, 그날의 내 일과에 대해 의논하며 조언을 구하면, 이보다 더 좋은 동역자가 없다는 사실을 매번 확인시켜 주곤 한다. 수십 년을 함께 산 아내임에도 불구하고 내가 점점 더 아내의 매력에 깊이 빠져들 수밖에 없는 이유가 이것이다. 잠언 말씀 그대로, 아내는 하나님을 경외하기에 주어지는 아름다움으로 인해 인생의 황금기가 어느 때보다 더 밝고 맑게 빛나고 있는 것이다.

그래서 나는 요즘 어떤 부부를 만나도 다음과 같은 말을 확신 있게 전할 수 있다. 부부가 정말 해로하고 싶거든 먼저 두 사람 모두 하나님을 경외하는 믿음부터 다져야 한다고. 그와 같은 영적인 아름다움을 가꾸며 살 때라야 부부는 육체적으로, 마음으로, 또 영적으로 서로를 끝까지 사랑하고 존경하며 하나될 수 있다.

> 고운 것도 거짓되고 아름다운 것도 헛되나 오직 여호와를 경외하는 여자는 칭찬을 받을 것이라 _잠 31:30

가문의 비전

자녀가 붙잡을 수 있는 뼈대를 세우라

아버지는 한 방향을 따라 사는 '비전 인생'을 사셨다. 아버지는 가난하든 부하든, 전쟁이 있든 없든 하나님께서 주시는 비전을 따라 묵묵히 사셨다. 아버지의 인생은 내게, 비전이 있으면 6·25와 같은 역사적 굴곡 속에서도 사나 죽으나 명예롭게 전진할 수 있지만, 비전이 없으면 흥하든 망하든 비굴하게 살다가 죽을 수밖에 없음을 확인시켜 주었다.

그러고 보면 내가 젊어서부터 한결같이 '비전'이라는 방향을 따라 인생을 경영하려 한 것이나, 아이들의 가슴에 불타오르는 비전을 심어 주려고 몸부림친 것이나, 모두 하나님 나라와 그의 의를 위해 펄펄 뛰는 심장을 가지셨던 아버지께 물려받은 신앙 유산이 아닌가 싶다.

지금도 나는 우리 아이들뿐 아니라 다음 세대의 청년들을 보면 그들의 비전을 찾아주고 싶은 생각에 흥분이 되곤 한다. 다음 세대가 앞으로 어떤 시대, 어떤 역사를 맞게 될지 모르지만, 살고 죽는 것을 하나님께 맡긴 채 비전을 따라 살아서 하나님께 영광이요, 이 땅에는 축복이 되는 삶이 자자손손 이어지기를 바라는 마음이다.

1999년 1월에 우리 가정이 '비전 선언문'을 만든 것도 그와 같은 배경에서였다. 언제 이 세상을 떠날지 모르는 부모 세대로서, 다음 세대인 우리의 자녀들에게 붙잡고 살아갈 중심 뼈대를 남겨 주고 싶었다. 그래서 나와 아내는 우리 가정의 존재 이유와 목적, 교육철학, 그리고 우리 공동체의 비전을 담아 가풍을 작성했다. 우리는 그것을 '우리 가정 비전 선언문'이라 부른다. 물론 이것은 가족 전체가 모여 회의한 끝에 초안을 작성했고, 그후 아내와 내가 깊이 기도하면서 완성한 것이다.

> **우리 가정의 비전 선언문**
>
> 마태복음 6장 33절에 따라 우리 가정은 하나님 나라와 그의 의를 구함으로써 아버지 하나님을 영화롭게 할 것이다. 그렇게 할 때 그분 뜻에 따라 모든 축복이 더해지리라 믿는다.

우리는 이와 같은 비전 선언문을 만들어 가풍으로 정한 다음, 이 비전을 자자손손 이어받도록 하기 위한 구체적인 전략을 세워서 자녀들과 공유했다. 여기에 우리 가정의 비전 선언문을 소개하는 것은 이를 바탕으로 내 아들과 딸이, 또 당신의 가정에 비전 스토리가 계속해서 씌어지기를 바라는 마음에서다. 다음은 비전 선언문을 구체적으로 삶에서 실천하기 위한 '비전 전략 십계명'이다.

> **우리 가정 비전 전략 십계명**
>
> 1 우리 가정은 하나님 나라와 하나님의 의를 구함을 목적으로 존재한다.
> 2 우리 가정은 하나님 말씀을 묵상하고 하나님과 깊은 교제 속에서 하나님의 형상을 이루는 것을 추구한다.
> 3 우리 가정은 모든 식구가 서로 깊은 대화 속에서 서로를 이해하고 용납하고 사랑한다.

4 우리 가정은 어떤 역경이 와도 놀라거나 두려워하지 않고 하나님을 의지하고, 하나님의 주권을 인정하고 순종하며 승리한다.

5 우리 가정은 기쁨과 환희의 순간에는 서로 기뻐하고 누리며 이웃과 나눈다.

6 우리 가정은 실력을 양성하기 위해 책을 많이 읽고 타인의 경험을 통해 배우며 성장하는 지성적인 가정이 된다.

7 우리 가정은 서로의 재능을 계발하여 하나님이 주신 달란트를 잘 발휘하도록 서로 격려한다.

8 우리 가정은 믿는 성도와 좋은 교제를 하며 같이 성숙해 가고 불신자들에게 말과 삶으로 복음을 증거하는 증인의 삶을 산다.

9 우리 가정은 우리의 몸이 하나님의 성전임을 알고 영혼육이 건강을 유지하도록 균형 잡힌 식생활, 운동, 감사 생활로 건강한 삶을 산다.

10 우리 가정은 세상에 빛과 소금이 되어 축복을 나누는 축복의 통로가 되고 세상을 가슴에 품고 복음의 전령으로 헌신한다.

신앙 유산

다음 세대를 위하여 울라

나는 이제 좀더 진지하게 다음 세대를 세우는 이야기를 하고자 한다. 나는 전 세계를 다니며 수많은 성도들을 만났는데, 다음 세대로 믿음이 제대로 전수되지 못하고 있는 현실을 발견했다. 우리 세대가 다음 세대를 세우지 않으면 하나님이 기뻐하시는 미래가 없다는 절박함을 느낀다.

> 너희는 예루살렘 거리로 빨리 다니며 그 넓은 거리에서 찾아보고 알라 너희가 만일 정의를 행하며 진리를 구하는 자를 한 사람이라도 찾으면 내가 이 성읍을 용서하리라_ 렘 5:1

예레미야가 사역하던 당시의 이스라엘에는 거짓 선지자가 들끓어 몹시 혼란스러웠다. 어떡하든지 하나님의 말씀을 전하려던 예레미야는 그 때문에 핍박을 당하고 구덩이에 빠지고 죽음의 위험에 여러 번 처했다. 하나님은 오늘날 예레미야처럼 하나님 편에 서서 대쪽같이 하나님의 말씀을 전하고 지키는 사람을 찾으신다.

소위 '해가 지지 않는 나라'라고 불리던 영국은 기독교 국가로서 전 세계에 수많은 선교사를 파송한 나라였다. 그런데 지금 영국의 교회들은 대부분 술집이 되었고 심지어 무슬림 사원이 된 곳도 있다. 교회는 문화유적이라 함부로 손을 댈 수 없는 까닭에 십자가가 걸린 채로 술을 팔고 강대상에서 술을 마시는 참담한 일이 벌어지고 있다. 사탄이 이렇게 무차별로 공격하는데도 그리스도인은 속수무책으로 당하고만 있다.

우리는 어떠한가? 그리스도인으로서 세상 가치관에 휩쓸려 빛과 소금으로 살기는커녕 세상의 종이 되어 살고 있지는 않은가? 내가 사역 중에 만난 한 자매는 이탈리아에서 유학하던 중 결혼하고 싶어서 한국에 들어왔다고 한다. 어떤 권사님이 중매를 하겠다고 해서 선뜻 허락했더니 그 권사님이 "코가 낮으니 성형해라", "혼수는 얼마나 할 수 있니?" 하고 물어보았단다. 자매의 인격이나 신앙에 대한 질문 하나 없이 이런 것들만 물어보는 권사님에게 실망하여 자매는 중매를 거절했다고 한다. 자매가 나에게 상담을 요청하면서 "한국에서 결혼하기는 힘들겠어요" 하고 하소연했다.

한 번은 어느 수련회 집회에 초청받아 갔는데, 그 집회에는 고3 학생이 한 명도 보이지 않았다. 그곳 담당 목회자에게 이유를 물었더니 공부 때문에 아무도 오지 않았다고 했다. 우리는 어느 순간부터 수험생이면 예배에 빠져도 되고 수련회에 참석하지 않아도 된다고 생각하게 된 것 같다. 하나님보다 대학이 인생의 우선순위인 것을 아무렇지도 않게 받아들이고 있는 것이다.

또 다른 수련회 집회에서 있었던 일이다. 집회를 마친 뒤 어느 학생이 나를 찾아왔다. 수련회에 너무 참석하고 싶어서 과외 수업 때문에 반대하는 부모님 몰래 빠져나왔는데 아무래도 거짓말한 것이 마음에 걸린다는 것이었다.

"그렇구나. 수련회에서 은혜 많이 받고, 집에 가서 부모님께 고백해라. '과외 안 하고 수련회에 왔으니 혼내세요. 저는 하나님 말씀을 배우고 싶었고 주의 성소에서 은혜를 받고 싶어서 거짓말을 했어요'라고 말이다. 만일 부모님이 회초리로 때리면 맞아라."

과연 그 부모는 이 아이를 때렸을까? 건강한 부모라면 절대 때리지 못했을 것이다. 아이들이 어른보다 낫다.

우리나라의 그리스도인 부모는 자녀가 예수 잘 믿는 사람이 아니라 공부 잘해서 일류대학 가고 대기업에 취직해서 엘리트로 살아가는 것이 소원인 경우가 많다. 부모들이 무엇을 우선시해야 하는지 모르는 것 같아 안타깝다.

이스라엘의 히스기야 왕은 왕궁의 보물을 바벨론 사신에게 다 보여주며 자랑했다. 이사야 선지자가 이를 책망하면서 그의 자손이 바벨론의 포로가 될 것이라고 하자 히스기야 왕이 뭐라고 했는가?

"여호와의 말씀이 선하니이다."^{왕하 20:19}

그는 자기 대가 아니라 후손들이 그런 일을 당할 것이기에 안심했다. 나만 아니면 상관없다는 히스기야의 몰염치는 오늘날 우리와 다르지 않다. 혹시 우리는 나만 구원받으면 다음 세대는 어찌되든 상관없다는 식으로 생각하고 행동하고 있지는 않은가? 다음 세대를 준비하지 못하는 한 우리는 하나님 앞에서 부끄러움을 당하게 될 것이다. 하나님께서 눈을 돌리실 것이다. 오늘날 교회에 다니는 사람(church goer)은 많아도 참 성도가 드물다. 개혁이 일어나야 한다.

이제 교회와 성도 모두 신앙을 최고로 여기며 하나님 중심의 삶으로 돌이켜야 한다. 세상의 가치관이 아니라 말씀의 가치관으로 돌아서야 한다. 교회가 세속적 가치관을 따라간다면 우리의 미래는 암담하다.

이제 대형교회는 건물이 아니라 사람을 세우는 일에 힘써야 한다. 개화기에 외국인 선교사들이 한국에 들어와 학교를 짓고 교육에 힘썼듯이 이제 대형교회에서 다음 세대를 위해 투자해야 한다. 세상의 공교육에 대해 한탄만 할 게 아니라 기독교 가치관을 가진 학교를 만들어야 한다. 세상은 앞으로 더욱 악해질 것이다. 그렇기에 말씀을 붙잡고 빛과 소금의 역할을 감당해야 한다. 그럴 때 교회가 진정으로 부흥하게 될 것이다.

나는 대형교회에서 유치원부터 대학교까지 설립해 기독교 가치관을 지닌 크리스천 엘리트를 만들어야 한다고 생각한다. 어릴 때부터 성경의 가치관을 심어 주고, 하나님 중심의 교육을 시켜야 한다. 돈이 아니라 하나님 나라와 하나님의 영광을 위해 살도록 해야 한다. 먹든지 마시든지, 즉 의사든 회사원이든 예술인이든 무엇을 하든 하나님의 영광을 위해 살도록 해야 한다. 불과 1퍼센트밖에 안 된다 할지라도 그들이 바로 사회를 변화시킬 사람들이다.

이제 우리 앞에 선택의 길이 있다. 아브라함처럼 힘들고 어렵더라도 하나님과 함께 믿음의 길을 걸어갈지, 아니면 세상의 흐름에 맡기며 살지 말이다.

이끌어 줌

나로부터 시작하는 믿음 명문가

> 마땅히 행할 길을 아이에게 가르치라 그리하면 늙어도 그것을 떠나지 아니하리라 _잠 22:6

여기서 '마땅히 행할 길'이 무엇이겠는가? 그것은 곧 아이가 가야 할 비전의 길이자 사명의 길일 것이다.

달란트대로 살면 그 인생은 걸작이 된다. 부모가 하나님의 뜻을 잘 이해하지 못하고 자기 한을 풀고 자기 소원대로 아이를 키우니까 아이가 원치 않는 길을 가게 되어 불행하게 된다. 전공을 살려 행복하게 일하는 사람이 18퍼센트이고, 나머지 82퍼센트는 전공과 관계 없는 일을 한다고 한다. 많은 사람들이 일에서 보람도 못 느끼고 힘든 인생을 살고 있다는 것이다.

진정한 부모라면 아이가 마땅히 행할 길을 깨닫고 갈 수 있도록 지도자의 역할을 해야 한다. 그러면 자녀가 복된 길을 걷게 된다. '마땅히 행할 길'이 그 아이를 향한 하나님의 계획이자 소원이기에 그 뜻대로 살면 복된 삶을 살게 되는 것이다.

사람에게는 하나의 달란트만 있는 게 아니라 여러 가지 달란트가 있다. 그중에서 good(좋은 길)이 있고, better(더 좋은 길)가 있고, best(가장 좋은 길)가 있다.

자기가 좋아하는 일을 하는 것에도 세 종류가 있다. 첫 번째는 'good'이다. 그 일을 하면 나도 행복하고 가족도 행복하다. 그러나 다른 사람들에게 별 영향력이 없다. 내 지나온 칠십 평생 동안 한국에서 의사로서 성실하게 살았다면, 'good' 정도로 평가할 만하다.

good을 넘어 'better'가 있다. 나와 가족뿐 아니라 주위사람들도 행복하게 한다. 내가 뉴욕으로 가서 전문의가 되어 의사로서 행복한 삶을 살고, 미국 전역을 다니며 청소년과 청년들에게 길을 제시

하고 가정 사역자로서 가정을 세우는 일을 했다면 'better'의 인생이라고 할 수 있다.

마지막으로 'best'가 있다. 나와 내 주변 사람들이 행복할 뿐 아니라 나아가 열방까지 행복하게 한다. 의사라는 직업을 버리고 전인치유 사역자로서, 또 가정 사역자로서 열방을 다니며 복음을 전하고 젊은이들을 세우는 일에 몰두하고 있는 지금을 나는 'much better' 인생이라고 평가하고 싶다. 나는 'best'를 향해 전진하고 있다.

나는 한국의 전문의사에서 출발해 미국의 전문의사가 되었고, 지금은 영혼육을 치유하는 전인치유 전문의사로 성장했다. 나는 good에서 시작해 better를 거쳐 best로 가고 있다. 이 나이가 되어서도 갈 길이 있고 사명이 있다는 것에 감사한다.

나는 지금도 매일 청년들로부터 수많은 상담 이메일을 받는다. 그러면 일일이 답장을 해준다. 그들과 함께 걸으며 그들의 인생을 세워 가는 이 일이야말로 내가 가야 할 마땅한 길이요 축복의 길이라 믿는다.

만약 내가 best의 길을 가지 않고 good 혹은 bad의 길을 갔다면 지금쯤 어떻게 살고 있을까? 무엇보다 인생이 너무 지루해서 즐거울 만한 일을 찾아 쾌락에 빠졌을지도 모른다. 그런데 하나님의 크신 은혜로 나는 주 안에서 허락된 비전의 길을 따라 즐기며 살고 있다. 날마다 독수리가 날개를 치며 오르는 새 힘을 얻으며 달음박질하여도 피곤하지 않은^{사 40:31} 황금기를 보내고 있는 것이다.

그런 면에서 자녀에게 가르쳐야 할 '마땅히 행할 길'^{잠 22:6}이란 'best의 길'을 말한다. 우리 세대가 다음 세대에게 가르치고 물려줘야 할 유산은 바로 이 비전의 길, 사명의 길인 것이다.

명문 가문이란 무엇인가? 하나님께서 이 땅에 가정을 세우신 거룩한 목적을 자자손손 이루어 가는 가문이다. 또 후손들 각자가 하나님께서 주신 사명과 비전을 따라 살고, 부부관계, 부자관계 속에서 하나님의 사랑과 은혜의 원리가 펼쳐지며, 세상을 향해 축복의 통로가 되는 가정이다.

이런 가문을 세우는 데 있어 필수적인 조건은 그 가정을 움직이게 하는 공동의 거룩한 비전이 자자손손 이어지고 있느냐 하는 점이다.

믿음의 장부인 여호수아도 "오직 나와 내 집은 여호와만 섬기겠노라"고 고백했지만, 그 후손들 대에 이르러 여호와를 버리고 다른 신들을 따름으로써 저마다 비전이 아니라 각자의 소견대로 행했다. 사사기의 암흑 시대는 그렇게 전개된 것이다.

> 여호와의 종 눈의 아들 여호수아가 백십 세에 죽으매… 그 후에

> 일어난 다른 세대는 여호와를 알지 못하며 여호와께서 이스라엘을 위하여 행하신 일도 알지 못하였더라 이스라엘 자손이 여호와의 목전에 악을 행하여 바알들을 섬기며 애굽 땅에서 그들을 인도하여 내신 그들의 조상들의 하나님 여호와를 버리고 다른 신들 곧 그들의 주위에 있는 백성의 신들을 따라 그들에게 절하여 여호와를 진노하시게 하였으되… 여호와께서 이스라엘에게 진노하사 노략하는 자의 손에 넘겨 주사 그들이 노략을 당하게 하시며 또 주위에 있는 모든 대적의 손에 팔아 넘기시매 그들이 다시는 대적을 당하지 못하였으며 _삿 2:8-14

하나님을 경험한 세대가 신앙을 다음 세대에 전수하지 못했기 때문에 다음 세대는 세상 문화에 빠져 우상을 섬겼다. 이렇게 된 첫째 원인은 부모 세대가 신앙을 전수하지 못한 책임이 크다. 사무엘은 훌륭한 선지자이지만 아들들을 제대로 교육시키지 못했다. 엘리 제사장의 아들들은 여호와 앞에서 악을 행했고, 그 집안은 멸문 가문이 되었다.

마땅히 행할 길, 즉 비전의 길이 자자손손 이어지지 않으면 멸문 가문이 될 뿐 아니라, 암흑의 시대까지 도래할 수 있음을 보여 주고 있다.

이와 달리 아브라함의 가정은 대를 이어 하나님의 비전을 따라 살았다. 덕분에 아브라함의 하나님은 이삭의 하나님이 되셨고, 이삭의 하나님이 야곱의 하나님이 되어 주셨다. 자자손손 하나님의 꿈을 따라 살아간 이스라엘로 인해 아브라함은 열국의 아버지요 민족의 조상으로 남게 된 것이다.

그렇다면 우리 가문은 어떤 길을 가게 될까?

우상을 따르던 조선 땅에서 순교의 피를 흘리며 복음을 지켜 내신 할아버지 이후, 격동의 세월을 사시면서도 언제나 하나님의 꿈을 꾸고 그 꿈을 향해 정진하셨던 아버지, 그리고 두 분의 후손으로서 누구보다 많은 축복을 받아 누리며 살아온 나…. 할아버지의 하나님, 아버지의 하나님, 그리고 나의 하나님이 후손들의 하나님으로 자자손손 기억될 수 있기를 바란다.

그러면 과연 나는 우리의 자녀들에게 마땅히 행할 길을 가르쳐 왔는가?

스스로에게 던지는 이 질문 앞에 정직하게 서다 보면, 나는 결국 엎드려 그분의 은혜를 구할 수밖에 없다. 내 생애를 바쳐 가정이라는 정원을 가꾸기 위해 최선을 다한 건 사실이지만, 내 손이 미치지 못하는 정원 구석구석에서 자라나던 잡풀들과 내 소중한 나무들에 기생해서 잎을 갉아먹던 벌레들이 어느덧 사라지고 온 정원이 푸르게 펼쳐진 건 우주 만물의 주인이신 창조주 하나님의 무한하신 은혜 덕분이다. 우리가 그토록 꿈꾸는 명문 가문은 결국, 놀라운 하나님의 은혜 속에서라야 완성되고 세워질 수 있다는 걸 지나온 내 삶이 말해 주고 있다.

영적 유산

대를 이어 흘러가게 하라

"할아버지!"
"그래, 어서 오너라!"
큰아들에게서 태어난 손녀딸 둘이 우리 부부가 살고 있는 집으로 놀러 올 때면 적막하던 집이 갑자기 떠들썩해진다. 본래부터 아이들을 좋아하는 데다 내 손자, 내 손녀다 보니 그 아이들을 보는 기쁨이 무엇보다 크다.

아이들이 놀러 오면 평소 정갈하게 정돈되었던 우리 집도 금세 난장판이 된다. 지혜로운 아내는 손녀들이 편안하게 놀 수 있도록 아이들을 살피는 데 집중한다. 그러면 관찰하기를 좋아하는 나는 아이들을 살펴보며 그들이 장차 어떤 꿈, 어떤 비전을 펼치며 살면 좋을지 구상한다.

네 명의 손자 손녀 중 큰손녀는 우리 집에만 오면 만화책이든 동화책이든 한 곳에 앉아 책 보는 데 열중한다. 옆에서 이름을 불러도 못 들을 만큼 무서운 집중력을 발휘한다. 나는 그 아이를 유심히 관찰한 뒤 큰아들에게 이렇게 말했다.

"우리 맏손녀는 몰두하는 걸 재미있어 하는구나. 이런 애들은 공부도 잘하지만 특히 연구하기를 좋아하기 때문에 앞으로 연구 분야로 나가면 좋을 것 같구나."

반면에 둘째 손녀딸은 큰손녀와 전혀 다른 기질을 가지고 있다. 하나에 집중하질 못하고, 이것도 건드렸다가 저것도 건드렸다가 나중에는 심심해 죽겠는 얼굴로 책에 열중한 언니를 자꾸 건드린다. 그러면 언니는 귀찮다는 듯 "그러지 말라"고 하는데, 동생은 막무가내로 언니를 툭툭 건드리며 같이 놀아 달라고 신호를 보낸다. 둘째는 다른 것보다 사람과 노는 것을 가장 재밌어 하는 아이다.

그런데 그때, 자기 쪽을 향해 다가오는 엄마의 모습이 둘째 아이의 눈에 포착된다. 그러면 둘째 아이는 무슨 생각에서인지 갑자기 언니의 머리를 확 잡아당긴다. 그러면 언니는 화가 나서 둘째의 등을 탁 하고 때린다.

"앙! 언니가 나 때렸어. 엉엉."

그러면 엄마는 앞뒤 상황을 모르니까 동생을 때린 언니만 나무란다.

"너는 왜 동생을 때리고 그러니? 저쪽 가서 벌 서!"

큰손녀는 뭐라고 변명도 못한 채 한쪽 구석에 가서 억울한 마음을 삭이느라 씩씩대고, 둘째는 기분이 좋아져서 사뿐한 걸음걸이로 온 집안을 헤집고 돌아다닌다.

아내도 나처럼 이런 광경을 종종 목격한 터라, 한번은 내게 언니를 괴롭히는 둘째가 나쁘지 않냐고 물었다.

"여보, 그건 나쁜 거라고만 볼 게 아니야. 그건 그 아이의 특징이지. 걔는 하나에 집중은 잘 못하지만 상황 판단을 참 잘하잖아. 언제 언니를 건드릴까, 언제 머리카락을 잡아당길까를 판단하는 능력이 있어. 만약 걔가 엄마가 오지 않을 때 언니 머리카락을 잡아당겼어 봐. 언니한테 맞고 자기만 손해 봤을 거 아냐? 상황 판단 능력이 보통 좋은 게 아니라고. 그러니까 걔는 공부 쪽으로 진로를 잡을 게 아니라 정치 계통이나 경제 계통으로 가야 할 것 같아. 기회를 잡는 데 보통 이상의 재능이 있어. 권모술수에도 능하고."

"뭐라고요? 나 참, 그럼 당신은 정치가나 사업가가 권모술수에 능한 사람이라는 거예요?"

"둘째는 상황 판단을 잘하기 때문에 정치가나 사업가 쪽으로 계발시키면 좋겠다는 말이야."

아내와 농담처럼 그런 얘기를 주고받았지만, 나는 모든 아이들에게는 각자 타고난 은사가 있고, 어떤 종류의 달란트든 존중받아야 한다고 생각한다. 자기만의 달란트를 존중받으며 계발된 아이는 자존감이 높아져서 스스로 무엇을 해야 할지를 찾아갈 수 있게 된다.

아닌 게 아니라 두 손녀딸은 자라면서 뚜렷한 차이를 보였다. 이제 열한 살이 된 큰손녀는 자기 일에 몰두하느라 할아버지 할머니에게 연락 한 번 할 줄 모르는 반면, 관계 맺기에 능한 둘째 손녀는 툭하면 페이스톡을 보내며 인사하기를 빼먹지 않는다.

그때마다 나는 아내에게 말한다.

"여보, 봐요. 이 아이는 이렇게 인사하는 걸 좋아하잖아. 이 아이는 사람들과의 관계성에서 뭔가 큰일을 해낼 거라고. 그쪽 분야에 비전을 갖고 방향을 잡아 줘야 할 것 같아."

그러면 아내는 '또 시작되었다'는 눈빛으로 나를 바라본다. 세

아이를 키우면서도 틈만 나면 "너는 이걸 해 보면 어떻겠니?" 하더니 이제는 손자 손녀들에게 눈을 빛내며 그와 같은 훈수를 두고 있으니 말이다. 그래도 나는 개의치 않고 확신 있는 목소리로 아내에게 말한다.

"여보! 내 말이 맞다니까. 내가 이제 2세대들을 키우다가 3세대까지 보게 되니까 그 길을 찾아 주는 데 있어 보는 눈이 더 깊어졌어. 이제 우리는 손자, 손녀들도 키울 수 있겠어."

자녀들이 결혼하여 흩어져 살면서부터 우리는 한 달에 한 번씩 '패밀리 타임'으로 모여 교제하고 있다. 나뿐 아니라 가족 모두가 이 시간을 기다린다. 어쩌다 집회 일정 때문에 이 시간을 놓치면 "왜 지난달엔 안 모였냐?"며 강력하게 항의할 정도다.

특별히 패밀리 타임에는 그 달의 주인공을 위한 시간을 따로 갖는다. 그 달에 생일을 맞거나 결혼기념일을 맞은 사람을 주인공으로 세우고 가족이 돌아가며 축복의 말을 해 주는 것이다.

내가 63세의 생일을 맞은 7년 전 '패밀리 타임'이 생각난다. 가족이 '아빠' 하면 떠오르는 단어를 종이에 적어 주었는데, 큰딸은 '영원한 낙천주의자'라는 단어를 내게 선물해 주면서 다음과 같이 설명했다.

"아빠는 항상 긍정적이에요. 어떤 경우에도 제게 '조금도 염려할 필요가 없다. 모든 것이 다 잘될 것이다'라고 말씀하셨죠. 또, 아빠는 누구를 보더라도 긍정적인 면을 찾아서 긍정적으로 얘기해 주시잖아요."

큰아들은 '마태복음 6장 33절'을 내게 선물해 주었다.

"아빠가 항상 긍정적인 이유는 마태복음 6장 33절 때문인 것 같아요. 언제나 하나님 나라와 의를 구할 때 모든 것을 더해 주시는 하나님 나라의 비밀을 알기에 아빠는 모든 일에 배부르고 모든 일에 넉넉하게 살아가시지요."

아들의 선물에 기분이 좋아져서 나도 한마디 했다.

"역시 목사님이라 다르구나. 고맙다. 아들."

작은아들은 'humble'(겸손함, 검소함)이란 단어를 선물했다.

"아빠는 제가 볼 때 돈도 많이 벌었는데 그걸 다른 사람들처럼 큰 집 사고 큰 차 사는 데 쓰지 않으시고, 작은 집, 작은 차를 이용하면서 검소하고 겸손하게 사셨어요. 그리고 그 돈으로 남을 돕거나 남을 살리는 일에 쓰셨으니 아빠는 'humble'이에요."

자식들에게 이렇게 과분한 칭찬을 선물로 받고 보니, 나는 새삼 하나님의 은혜에 가슴이 벅차올랐다. 아버지로서 한계를 느끼며 하나님 앞에 울며 매달리던 내가 아니던가. 그런 내가 이런 자리에서 자식들의 축복 어린 칭찬을 듣는 것은 하나님의 크신 은혜가 아닐 수 없다.

큰사위는 '치어리더'(big cheerleader for his family)를 내게 선물해 주었다. "항상 모든 가족을 지지하고 도와주고 격려해 주며 세워 주는 데 탁월한 분이시다"는 게 그 이유였다.

큰며느리는 '카운슬러'(counselor)를 선물해 주었다. "시아버지에게 성교육을 받는 며느리는 저밖에 없을 걸요?" 하면서.

작은며느리는 '비저너리'(visionary)를 선물해 주었다. "아버님은 항상 할 수 없는 것을 바라보셨고 실제로 그걸 이뤄 가는 분이세요. 그래서 제 남편도 항상 5년 후, 10년 후에 대한 계획을 세우고 꿈꾸며 달려가는 삶을 사는 것 같아요"가 그 이유였다.

이제 이 모든 선물의 화룡정점이라 할 수 있는 아내의 선물만 남았다. 아내는 내게 'sweet and caring husband'라는 선물을 주었다.

"당신은 아내를 늘 달콤하게 보살펴 주는 남편이에요. 당신은 훌륭한 의사이며 또 훌륭한 남편이에요. 다른 사람에게도 좋은 카운슬러지만 아내에게도 좋은 카운슬러예요. 그리고 당신은 하나님의 훌륭한 사람이에요. 당신은 늘 누군가를 돕기를 기뻐하잖아요."

아내의 칭찬에 얼마나 감사하고 기쁘던지 나는 연신 "고맙다"고 답례했다.

그런 다음 우리 가족은 이 기쁨을 허락하신 하나님께 감사하며 영광을 올려 드리기 위해 성경책을 펴고 경건의 시간을 갖는다. 그리고 각자 기도 제목을 나누면, 아내와 내가 번갈아 가며 누군가의 머리에 손을 얹고 기도한다. 그러면 나머지 가족도 그를 위해 통성으로 기도한다. 우리 가족의 부흥회가 시작되는 것이다.

그날도 우리는 모든 가족을 위해 돌아가며 기도했는데, 그날따라 내 눈에 손자손녀들이 들어왔다. 그래서 그 아이들을 모두 가운데 자리에 앉히고 아내와 내가 머리에 손을 얹어 축복의 기도를 해주었다. 그런 다음 그 아이들에게 부탁했다.

"할아버지 할머니가 이번 주에 한국에 사역을 하러 가는데 가서 하나님의 복음을 잘 전하고 안전하게 돌아올 수 있도록 우리를 위해 기도해 주겠니?"

그러자 큰손녀가 눈빛을 빛내며 "Yes!"라고 답했다. 그러더니 나를 꼭 껴안고는 기도하기 시작했다.

"Dear God, 할아버지 할머니 이번 주에 한국에 가요. 비행기 탈 때 safe하게 해주시고, 모든 일을 잘 감당하게 하시고, 한국에 홍수가 났는데 할아버지 근처에도 안 가게 하시고, 무사히 사역을 마치고 오게 해주세요. 예수님의 이름으로 기도합니다. 아멘!"

세 살짜리 둘째 손녀도 기도하겠다고 나섰다.

"God, 할아버지 할머니 safe하게 해서 come back safely하게 해주세요. 예수님의 이름으로 기도합니다. 아멘."

"아멘!"

세 살 난 손녀의 기도 소리를 듣고 있자니 임재하시는 하나님의 영광을 보는 듯해 가슴이 벅찼다. 하나님을 주인으로 모시고, 그 주인이신 하나님 앞에 모두가 엎드리며, 하나님의 사랑으로 서로를 축복하는 이 모습이야말로 내가 그토록 바라던 하나님 나라가 우리 가정에 실현되는 모습이 아니던가.

신앙이 갈수록 없어지는 가문도 있고 흥왕하는 가정도 있을 텐데 점점 더 하나님께 충성된 가정이 되었으면 한다. 우리집 아이들 때문에 하나님 나라가 더 확장되고 완성되게 해달라는 기도를 하고 있다.

너무나 소심해서 여자만 보면 도망가기 바빴던 청춘의 시절부터 남몰래 꿈꾸며 소원하던 나의 부르짖음에 대해, "오냐, 나는 반드시 나의 거룩한 가정을 이 땅 가운데 세울 것이다"라고 약속하신 하나님의 응답은 그렇게 캘리포니아의 한 집에서 이루어지고 있었다. 하나님 아버지를 주인으로 모신 우리 집 창가로 은혜의 봄바람이 불어왔다.

1

사철에 봄바람 불어 잇고 하나님 아버지 모셨으니

믿음의 반석도 든든하다 우리 집 즐거운 동산이라

2

어버이 우리를 고이시고 동기들 사랑에 뭉쳐 있고

기쁨과 설움도 같이하니 한 간의 초가도 천국이라

3 아침과 저녁에 수고하여 다 같이 일하는 온 식구가

한 상에 둘러서 먹고 마셔 여기가 우리의 낙원이라

[후렴]

고마워라 임마누엘 예수만 섬기는 우리 집

고마워라 임마누엘 복되고 즐거운 하루하루

- 찬송가 559장 〈사철에 봄바람 불어잇고〉

에필로그
명문 가문의 뿌리를 내리라

우리 가문은 할아버지 대부터 손자손녀 대까지 신앙의 5대를 이어 가고 있다. 1대 할아버지는 고통 속에서 순교를 하면서까지 신앙을 지켰고, 2대 아버지는 하나님 앞에 올곧은 신앙을 가르쳐 주었다. 그렇게 두 분이 심은 믿음의 씨앗이 싹을 틔워 3대인 나와 내 형제 대에서 조금씩 열매를 맺고 있다.

나는 의사로 일하다 지금은 온전히 가정 사역자로 사역하고 있고, 나의 형제는 목사로, 의사로, 또 목사 사모로 하나님을 섬기며 세상에 선한 영향력을 끼치고 있다.

이렇게 이어져 내려온 신앙의 맥은 4대인 나의 자녀 대에서 영역이 확장되어 더 많은 열매를 맺고 있다. 내 자녀나 조카들이 목사, 변호사, 의사, 공학도 등으로 각자의 영역에서 선한 영향력을 끼치며 행복하고도 기쁘게 일들을 감당하고 있는 것이다.

이러한 믿음의 가정을 이루어 가는 것이 나의 가장 큰 감사이다. 세상적으로 유명하지 않고, 아직 미숙하고 부족한 부분이 많은 가정이지만 하나님의 뜻 가운데 살아가려 노력하는 우리를 주님의 형상으로 성장시키심에 감사드린다. 우리 가정의 성장은 아직 현재 진행형이요 공사 중이다.

나는 우리 자녀들에게 3S life를 살 것을 강조한다.

먼저 Simple life, 나를 위해서는 검소하고 단순한 삶을 사는 것이고, 둘째 Sharing life, 이웃을 향해서는 나누고 베풀고 양보하고 져 주는 삶을 살고, 셋째 Serving life, 하나님을 향해서는 섬기며 예배하는 삶을 사는 것이다.

이 세 가지가 잘 지켜져 우리 모두가 주님의 형상을 닮고 하나님 나라와 의를 위해 헌신하면서 하나님이 기뻐하시는 열매를 풍성히 맺으며 걸작이 되는 기적을 소망하고 있다.

신앙이 갈수록 없어지는 가문도 있고 흥왕하는 가정도 있을 텐데, 나는 우리 가정이 점점 더 하나님께 충성된 가정이 되게 해달라는 기도를 쉬지 않는다. 또한 우리 가정의 자녀 때문에 하나님 나라가 더 확장되고 완성되게 해달라는 기도를 날마다 하고 있다.

모든 성도가 이러한 기도를 같이 드리길 원한다. 부모가 먼저 하나님 말씀대로 살고, 자녀에게 생명을 걸고 주의 말씀을 심어 주길 바란다. 명문 가문의 뿌리를 내리는 데 힘쓰길 바란다. 이럴 때 마침내 모든 가정이 하나님이 기뻐하시는 명문 가문으로 세워질 줄 믿는다.